WILLY DE ROOS

Segeln in der Arktis

Ein Mann bezwingt die Nordwest-Passage

ABENTEUER-REPORT

Die Entdeckung der Nordwest-Passage, jenes legendären Seeweges um die Nordküste des amerikanischen Kontinents herum, war im Zeitalter der großen Entdeckkungen der große Traum besonders der Engländer.

Ende des 16. und Anfang des 17. Jahrhunderts scheiterten Frobisher, Davis, Hudson, Baffin und Foxe immer wieder an den unüberwindlichen Eisbarrieren, die sich ihnen in den Weg stellten.

Erst 1850–53 gelang Sir Robert Mc Clure die Bezwingung der Nordwest-Passage von West nach Ost, als er der Expedition von Sir John Franklin (1845–48), die in einer Katastrophe endete, zu Hilfe kommen wollte. Den umgekehrten Weg, also vom Atlantik zum Pazifik, fuhr als erster Roald Amundsen in den Jahren 1903–06. Erst 74 Jahre später bezwang wieder ein Mann die Nordwest-Passage auf der Route von Amundsen: Willy de Roos.

Titel der französischen Originalausgabe:
LE PASSAGE DU NORD-OUEST
© 1979 Librairie Arthaud, Paris
Übersetzung: Hella Noack
Fotos: Willy de Roos
Karten: Gert Köhler
Lektorat: Angela Djuren
Umschlaggestaltung: Ebba Feistkorn
Bestellnummer: 7342
Deutsche Ausgabe: © 1982 Franz Schneider Verlag GmbH & Co. KG
München – Wien – Hollywood/Florida USA
ISBN 3 505 07342 3

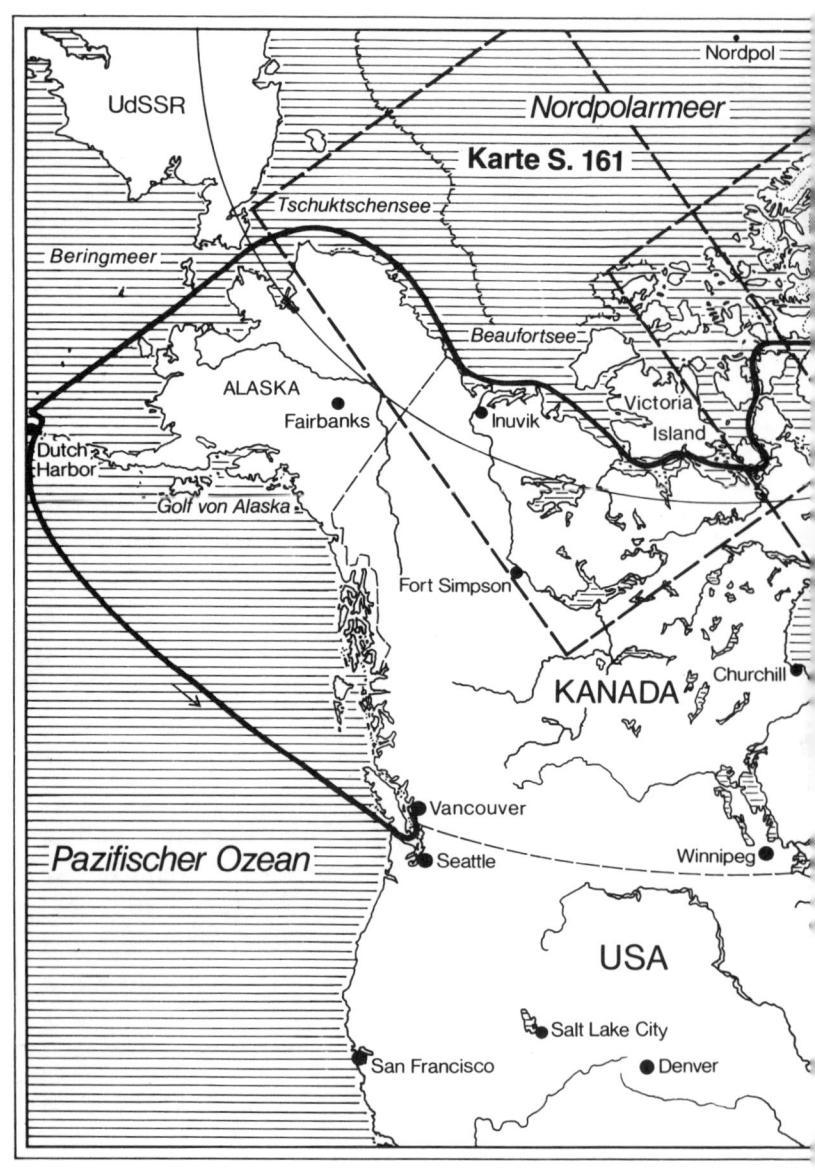

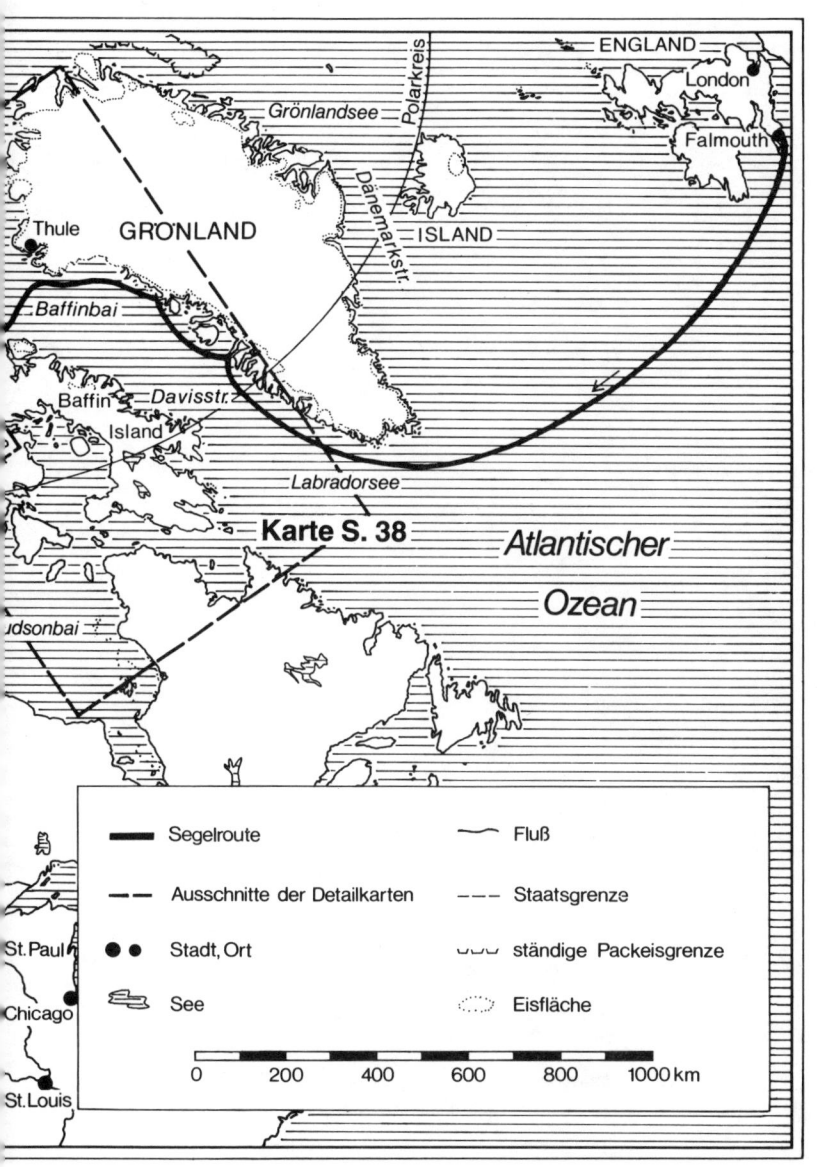

ENGLAND

London

Falmouth

Grönlandsee

Polarkreis

Dänemarkstr.

ISLAND

Thule

GRÖNLAND

Baffinbai

Baffin

Island

Davisstr.

Labradorsee

Karte S. 38

Atlantischer

Ozean

ıdsonbai

St. Paul

Chicago

St. Louis

▬▬▬ Segelroute		⌒ Fluß
▬ ▬ ▬ Ausschnitte der Detailkarten		▬ ▬ ▬ Staatsgrenze
● ● Stadt, Ort		⌣⌣⌣ ständige Packeisgrenze
⬱ See		⁘⁘ Eisfläche

0   200   400   600   800   1000 km

Inhalt

Wie alles anfing

Mein Leben als Seemann begann mit dem Kauf eines alten Fischerbootes. Ich wollte damit durch den Willebroek-Kanal (südlich von Antwerpen/Belgien) an die Nordseeküste schippern und die Sommerferien mit meiner Familie an Bord verbringen. Da ich keine seemännische Erfahrung hatte, fragte ich einen Freund um Rat, der mir kurz und bündig erklärte: „Im Grunde ist das ganz harmlos. Der Kanal bietet überhaupt keine Schwierigkeiten; und wenn du erst in der Schelde bist, siehst du zwei Sorten von Bojen, rote und schwarze. Du hast nichts weiter zu tun, als zwischen den beiden hindurchzufahren."

Ich fuhr also allein los, und alles lief programmgemäß, bis ich auf eine grüne Boje stieß. Was mochte das bedeuten? Sie trug eine Aufschrift, aber ich war zu weit entfernt, um sie entziffern zu können. Ich hielt auf sie zu und las verblüfft das Wort „Wrack". Es hätte nicht viel gefehlt, und ich hätte einen riesengroßen Fehler gemacht. Unter meinem Bootskiel ragten nämlich die scharfen Eisenteile eines gesunkenen Schiffes empor, die mir den Bootsrumpf hätten aufschlitzen können.

So lernte ich schnellstens, daß das Navigieren eine ernste Angelegenheit ist. Bald darauf machte ich an der

Yachtschule Ostende meine Segelprüfung, und von nun an sollte das Meer eine große Rolle in meinem Leben spielen.

Seit meinem ersten Segelkurs betrieb ich die Navigation mit wahrer Leidenschaft und beherrschte bald alle klassischen Möglichkeiten. Schon lange träumte ich davon, einmal die Welt zu umsegeln, und schließlich wagte ich es. Mit meiner *Williwaw* segelte ich von Ost nach West und umrundete das berüchtigte Kap Horn an der äußersten Spitze Südamerikas. Als ich am Ende meiner Weltumseglung Kapstadt verließ und wieder mitten im Atlantik war, empfand ich meine baldige Rückkehr in die Zivilisation als bedrohlich. Das Festland erschien mir klein und beengend – ich wäre am liebsten immer auf dem Wasser unterwegs gewesen. Doch ich hatte mir nur drei Jahre bewilligt und die würden in einigen Monaten zu Ende gehen.

Bei meiner Rückkehr war ich fest entschlossen, mich wieder in das alte Leben einzupassen. Aber das Segelfieber war stärker als ich. Immer schon hatte ich mit dem Gedanken gespielt, die Nordwest-Passage zu bezwingen, die mich durch das arktische Meer und die Bering-Straße führen würde. Jetzt war ich entschlossen, diesen Gedanken in die Tat umzusetzen. Doch zuerst mußte meine *Williwaw* für die Begegnung mit dem Eis gerüstet werden.

Ein Segelschiff, das in Gegenden unterwegs ist, wo es keine Werften und somit keine Reparaturmöglichkeiten gibt, muß aus Stahl gebaut sein. Denn bei einem Schiffsrumpf aus Stahl kann man schon mit einem einfachen Schweißgerät, mit einer Bohrmaschine und Nieten eine ganze Menge ausrichten. Die große Widerstandskraft des Metalls und seine Eigenschaft, sich zu verbiegen statt zu brechen, sind weitere entscheidende Vorteile. Natürlich – das will ich gar nicht leugnen – fahren auf allen Meeren der Welt Segelyachten aus Holz und Kunststoff und erfüllen auch ihren Zweck – allerdings nur unter normalen Bedingungen. Aber welchen Schutz würden sie bei einem Zusammenstoß bieten oder bei einer Strandung? Man denke nur an einen schlafenden Wal, dem der Vorsteven ins Gehege kommt, an einen losgerissenen Anker, um nur einige Beispiele zu nennen. Stoßunempfindlichkeit und Komfort müssen ein Boot auszeichnen, das auf große Fahrt gehen soll. Nie habe ich die Größe und das Gewicht meiner *Williwaw* bedauert. Im Gegenteil, dieses Boot hat meine Erwartungen mehr als erfüllt. Und was den Komfort betrifft: auf See ist er eine Notwendigkeit, denn er trägt zur Sicherheit bei! Nur eine bequeme Koje garantiert einen guten Schlaf, der die körperliche Widerstandskraft erneuert. Zur Ausstattung gehören weiterhin eine automatische Steuerung, ein Echolot, eine gut gefüllte Kombüse und noch tausend Kleinigkeiten, die einem helfen, den Seemannsalltag zu meistern. Ich betone noch einmal: Bequemlichkeit und ein hohes Maß an Sicherheit hängen eng zusammen. Allerdings sollte man seinem Drang nach Gemütlichkeit Grenzen setzen. Ohne Heizung kommt man nicht aus, aber es darf nicht so mollig warm werden, daß man sich hauptsächlich unter Deck aufhält, während man eigentlich im Cockpit sein müßte.

So wurde meine *Williwaw* auf der Werft in Thuin (Belgien) meinen Anweisungen entsprechend umgebaut.

Tagsüber machte ich mich auf der Werft nützlich, nachts, wenn ich nicht schlafen konnte, studierte ich die Karten. Innerhalb von zwei Jahren war die Yacht hergerichtet und bestückt, und die Route lag fest. Ich stieß einen Seufzer der Erleichterung aus, als ich am Steuer meiner *Williwaw* die Sambre (Belgien) in Richtung auf das offene Meer hinunterglitt. Der Morgennebel verhüllte die Schutthalden und Fabrikschornsteine der Gegend um Charleroi mit seinen grauen Schleiern. Im diffusen Licht dieses Märztages verschwand die düstere Landschaft des Kohlenreviers wie ein Alptraum bei Tagesanbruch.

Unerwartet hatte das belgische Fernsehen ein Kamera-Team geschickt, das meine Abfahrt filmen sollte. Weil die RTB (Radio-Télévision Belge) aber die Kosten für eine Ausfahrt aufs offene Meer scheute, begnügte sie sich mit Aufnahmen in einem Schleusenbecken. Der arme Kameramann mußte sich auf Nahaufnahmen beschränken oder das Boot von oben filmen.

Nach wenigen Stunden Fahrt war mein frisch gestri-

chenes Segelboot über und über mit Öl besudelt, das auf
der Oberfläche des Kanals schwamm. Aber was machte
das schon – das klare Wasser war nun nicht mehr weit.
Wenig später hatte ich das Meer erreicht. Mitte Mai kam
ich in Falmouth (England) an, dem letzten europäischen
Hafen vor der Fahrt in den hohen Norden.

Schwieriger Start

Ich bin nicht in besonders guter Form, als ich am
Morgen des 21. Mai 1977 die Segel setze. Zum Glück
herrscht ruhiges Wetter. Eine leichte Brise begünstigt
meine Fahrt. Gegen Abend umrunde ich den Leuchtturm von Lands End, und im Laufe der Nacht sendet
mir der Leuchtturm der Scilly-Inseln Europas letztes
Augenblinzeln.

Dieser erste Tag des Alleinseins ermöglicht mir, ein
wenig Ordnung in meine Gedanken zu bringen. In den
letzten Monaten habe ich mir immer wieder die Proble-
matik einer Polarumschiffung in allen Einzelheiten vor
Augen gehalten. Langsam war ich soweit, daß ich meine
Lektion auswendig hersagen konnte; auf alles wußte ich
eine Antwort, alles schien wie am Schnürchen zu
laufen. Jetzt aber, als es ernst wird mit der Nordwest-
Passage, frage ich mich, ob das nicht alles doch ein

wenig theoretisch ist. Wird die Realität meine Theorien erhärten, oder werde ich bald merken, daß es haltlose Hypothesen sind? Die Literatur über die Navigation im hohen Norden ist wenig ergiebig. Aber was hilft es: Entweder ich nehme das Risiko auf mich, mit meinen bisher gesammelten Kenntnissen mein Ziel weiterzuverfolgen, oder ich kehre um und gebe mich geschlagen.

Mit derlei Gedankengängen vergeht der Tag. Eine halbe Stunde nach Mitternacht kündigt der britische Sender B.B.C. für die nächsten vierundzwanzig Stunden starken Ostwind an. Eine Schlechtwetter-Prognose bringt immer Abwechslung mit sich. Ich muß jetzt auf alles mögliche gefaßt sein, und da ich keinen Grund mehr sehe umzukehren, halte ich den Westkurs.

Die Gischt, die der Wind mir ins Gesicht klatscht, weicht mich richtig durch, und leider sickert das Wasser auch durch den Kragen des Ölzeugs. Als ich mich unter Deck umziehe, wird mir bewußt, daß ich seit dem Aufbruch ununterbrochen auf den Beinen bin und doch nicht versagt habe. Das macht mir neuen Mut und stellt mein inneres Gleichgewicht im Nu wieder her. Doch die Mühsal ist noch nicht vorbei. Da meine Yacht unter verkleinerter Segelfläche sicher ist, will ich mir eine warme Mahlzeit bereiten. Ich schwelge in der Vorfreude auf ein gutes und reichliches Essen. Ich habe noch etwas Frischfleisch an Bord und beschließe, mir ein „Entrecote Weinhändler-Art" und als Beilage Kartoffelpüree zu machen. Aber während ich das Essen vorbereite, gleitet der Topf mit dem Weinsud und den geschmorten Schalotten bei einem Brecher vom Herd und fliegt in die entgegengesetzte Ecke der Kombüse.

Ein Fluch kommt mir über die Lippen, aber ich fange mich gleich wieder und sage mir, daß es die Aufregung nicht lohnt und es besser ist, das Mißgeschick lächelnd hinzunehmen. Nachdem ich den Fußboden saubergemacht habe, schäle ich unverdrossen neue Schalotten. Als das Essen endlich fertig ist, muß ich mir leider eingestehen, daß das zu lang gebratene Schnitzel eher als zähe Schuhsohle zu bezeichnen ist. Mein „Festmahl" ist erheblich gestört, weil ich nicht gleichzeitig das Essen auf dem Teller, den Teller auf dem Tisch, das Getränk im Glas und mich selbst in der Vertikale halten kann, um das zäh gewordene Fleisch zu schneiden.

Seit Falmouth bin ich fast dreißig Stunden auf den Beinen. Ich bin todmüde, aber das schlechte Wetter erlaubt mir nicht, mich schlafen zu legen. Neben der körperlichen Erschöpfung spüre ich, wie mich gleichzeitig eine große geistige Trägheit überkommt. Glücklicherweise nimmt der dichte Schiffsverkehr offenbar etwas ab. Schon eine ganze Zeitlang habe ich kein Schiff mehr in meinem Blickfeld. Die *Williwaw* liegt gut am Wind. Sie hält den Kurs, und das Risiko eines Zusammenstoßes scheint mir gering. Ich will daher den günstigen Augenblick nutzen und mir ein wenig Ruhe gönnen. Das Signalgerät, ein billiger kleiner Apparat, der einen Alarmton ertönen läßt, sobald seine Mini-

Antenne irgendein Radargerät aufspürt, wird mich wecken, wenn sich ein Schiff nähert. Auf alle Fälle wird mein Wecker in zwei Stunden klingeln, damit ich nach dem Rechten schauen kann. Als ich erst einmal in meiner Koje liege, brauche ich nicht in den Schlaf gewiegt zu werden. Bevor ich endgültig hinübergleite, lasse ich die Ereignisse des Tages noch einmal an mir vorüberziehen. Ich bin stolz auf mich, daß ich mich wachhalten konnte, wie es diese belebte Strecke verlangt.

Bekanntlich weisen die Schiffahrtsgesellschaften immer wieder voller Empörung darauf hin, daß auch kleinere Yachten ihren großen Schiffen bei einem Zusammenstoß Schaden zufügen können. Innerhalb der offiziellen Organisationen besteht eine starke Tendenz, die Einhandsegler schlicht und einfach zu verbieten. Alle diejenigen, die wie ich auf den Meeren ihre Freiheit finden möchten, müssen deshalb unbedingt verhindern, daß das Sündenregister noch mehr anwächst. Das Seerecht befindet sich noch immer im Stadium der Entwicklung, und das Meer, von dem es heißt, es gehöre niemandem, wird von allen beansprucht. Auf jeden Fall steht zu befürchten, daß die Seefahrt immer stärker reglementiert wird, leider!

Plötzlich reißt mich das Klingeln des Weckers aus meiner Ruhe; anscheinend habe ich fest geschlafen. Meine geschwollenen Augen zeugen davon, mein Brummschädel bestätigt es. Es muß etwa 4 Uhr nachmittags sein. Der Wind scheint nicht abgenommen zu haben, und ich vernehme deutlich das Brausen des Wassers, wenn es an den Vorsteven klatscht. Trotz des starken Schlingerns habe ich mich aufgerichtet, stütze die Beine auf dem gegenüber stehenden Segelsack auf, stoße mich nach hinten ab, presse mich fest in eine Kojenecke, befreie meine Arme und kann mir endlich einen Pullover über den Kopf ziehen.

Während des Ankleidens führe ich folgende Unterhaltung mit mir: „So ein Sauwetter! Falls draußen alles in Ordnung ist, könnte ich mich vor dem Abendessen noch ein wenig aufs Ohr legen!"

„Zieh das Ölzeug an, Willy! Du mußt den Haufen schmutziger Wäsche nicht noch durch feuchte Salzwasserklamotten vergrößern. Nur rühr dich schon vom Fleck und steck den Kopf nach draußen!"

Kaum habe ich die Luke geöffnet, peitscht mir naß und kalt der Wind ins Gesicht.

„Ein Glück, daß es wenigstens Rückenwind ist."

„Du sagst es."

Der Horizont ist wie leergefegt, und an Deck scheint alles normal zu sein. Die Segel sind gebläht, ein rascher Blick auf den Kompaß bestätigt mir, daß ich auf dem richtigen Kurs liege.

Ich beeile mich, wieder unter Deck zu kommen, aber in dem Moment, als ich die Luke schließen will, bemerke ich einen Vogel, der auf den hinteren Aufbauten hockt. Sein gesträubtes Gefieder schützt ihn vor der

Kälte, und sichtlich brennt auch sein Stoffwechsel auf Sparflamme.

„Du armes, sturmgepeinigtes Tier, das geht auch nicht mehr lange gut mit dir... Wir beide sind in einer ähnlichen Lage: jeder befindet sich in der Gewalt der Elemente. Du klammerst dich an dein Geländer, ich klammere mich an meine Yacht. Jeder von uns versucht sich den äußeren Bedingungen anzupassen, mit den Mitteln, die ihm die Natur gegeben hat."

Nachdenklich bleibe ich einen Moment stehen, um den Vogel zu beobachten. Von Zeit zu Zeit, wenn die Windstöße und der Seegang sein empfindliches Gleichgewicht bedrohen, erwacht er aus seiner Lethargie, zieht das Gefieder zusammen, um den Luftwiderstand zu verringern. Dann hebt er leicht den Kopf und öffnet die Lider einen Spalt, so daß nur das Weiße der Augen zu sehen ist. Schnell verschwindet der Kopf wieder in seinem Federkleid. Die Gischt muß ihn unbarmherzig durchdringen; manchmal schüttelt er sich wie im Fieber. Jetzt kann ich deutlich sehen, daß es eine Taube ist, sie ist beringt.

„He, du Taube, keine schönen Aussichten, nicht wahr?"

Keine Reaktion. Natürlich habe ich keine Antwort erwartet, aber vielleicht ein winziges Zeichen von Begreifen.

„Sie muß vollkommen fertig sein... Wir alle hier an Bord sind kaputt, und man sollte es machen wie sie und schlafen! Wenn sie morgen noch da ist, gebe ich ihr etwas zu essen und zu trinken. Wenn ich jetzt zu ihr hingehe, wo ihr die ganze Umgebung noch ungewohnt ist, riskiere ich, sie zu verscheuchen."

Nach einem letzten Inspektionsgang schließe ich die Luke, stelle den Wecker und genehmige mir eine neue Schlafrunde von zwei Stunden.

Sie wird jedoch abrupt unterbrochen, denn kaum bin ich am Eindämmern, alarmiert mich mein Signalgerät und wirft mich aus dem Bett. Als ich ins Cockpit komme, sehe ich mehrere Schiffe und bin gezwungen, noch eine ganze Weile wach zu bleiben. Abends scheint die Windstärke nachzulassen. Gegen 20 Uhr 30 geht die Sonne hinter einem hellen Horizont unter, und kurz nach dem Abendessen berge ich das Besansegel. Das Großsegel bleibt an seinem Platz. Als es Tag wird, habe ich kaum ein paar Stunden geschlafen. Trotzdem bin ich ganz munter und beschließe, Vollzeug (alle Segel) zu setzen. Nach und nach kehrt auch mein Seelenfrieden zurück, und ich bin glücklich, daß ich die Anfangsschwierigkeiten einigermaßen gut gemeistert habe.

Die Taube ist weiterhin an Bord. Ich habe ihr eine Tasse mit Wasser hingestellt. Der Kot an Deck zeigt mir, daß sie offensichtlich an einer Darminfektion leidet, die sie sehr schnell austrocknen wird. Ich konsultiere über Funk meinen Arztfreund Guy, der mir das Medikament nennt, das ihr Heilung bringen soll. Aber was soll ich ihr zu fressen geben? Ich bin kein Körnerfresser und habe keine Maisvorräte. Auf Verdacht zerbröckle ich ein wenig Brot in einer Schüssel, koche Reis, füge einige Haselnüsse und grobgehackte Paranüsse hinzu und überstäube das Ganze mit Darmdesinfektionsmittel. Es dauert gar nicht lange, bis das Vögelchen sich von den Nüssen unwiderstehlich angezogen fühlt. Nach erstem mißtrauischem Picken klopft der Schnabel wie ein Hammer auf die Schüssel ein, um sich einzig die Nüsse herauszufischen. Das Brot und der Reis werden verstreut und verunzieren die ganze Umgebung. Das Medikament hat selbstverständlich noch nicht gewirkt!

„He, du Taube, was soll denn das heißen... Was ist mit meinem schönen Anstrich? Ist dir wohl schnuppe, was!" An diesem Tier werde ich noch einigen Spaß haben!

Eine böse Überraschung

Unsere Position – meine, die der *Williwaw* und der Taube – beträgt an diesem 23. Mai 50° 24 Nord und 12° 01 West, 110 Meilen südwestlich von Irland. Das bedeutet, daß ich in diesen ersten zwei Tagen auf See gute 270 Meilen zurückgelegt habe. Das Wetter hat sich beruhigt, der Ozean hat seine Gewalttätigkeit verloren.

Es geht zügig voran, und nachdem ich den Sextanten bedient und die Position ins Logbuch eingetragen habe, notiere ich auch die meteorologischen Werte: Wind aus Nordost, Stärke 4 bis 5, 1028 Millibar, langsames Absinken, Himmel heiter, gute Sicht, Innentemperatur 16°, Geschwindigkeit ungefähr 6 Knoten. Der Wechselstromgenerator liefert zwischen 10 und 20 Ampere, so werden die Batterien leicht aufgeladen. Das ist wichtig, denn der Stromverbrauch ist relativ hoch. Außer der automatischen Steuerung, die alle 24 Stunden neu aufgeladen werden muß, ist auch das Funkgerät ständig eingestellt, ebenso das Radargerät, das ich stets zu Rate ziehe, wenn ich nicht sofort mit bloßem Auge das Schiff entdecke, das mir das Alarmsignal ankündigt. Selbst die Positionslichter der *Williwaw* bei Nacht tragen zum Mehrverbrauch an Strom bei. Die Batterien wären schnellstens erschöpft, wenn ich nicht diesen Generator hätte.

Ich sagte schon, daß das Funkgerät ständig eingeschaltet ist. Schließlich gehöre ich zur großen Familie der Funkamateure; so hält man sich ein Fenster zur Welt offen. Gewiß, man kann die Einsamkeit mögen und nicht auf Gesellschaft angewiesen sein, doch wer verzichtet schon freiwillig auf die menschliche Wärme eines guten Wortes, das von Herzen kommt. Zwar wollen die meisten von uns auf dem Meer zum einfachen Leben im großen Reich der Natur zurückfinden, aber ich glaube nicht, daß man die Natur lieben kann, wenn man nicht auch mit den Menschen Verbindung hat.

Außerdem ist in der Isolierung, die eine Fahrt in die Arktis zwangsläufig mit sich bringt, eine gute Funkverbindung unerläßlich und vergrößert die Überlebenschancen im Ernstfall erheblich. Die ständige Verbindung mit Funkamateuren garantiert einem, daß ein eventueller Notruf nicht nur gehört, sondern auch auf der Stelle an die Rettungsdienste weitergegeben wird. Die meisten Gespräche sind dem Austausch technischer Informationen gewidmet, doch oft entdeckt man auch gemeinsame Interessen. So nimmt man beispielsweise überrascht zur Kenntnis, daß die Gedanken eines patagonischen Fischers mit den eigenen übereinstimmen und daß ein kleiner Handwerker aus Singapur einem mit der gleichen Liebenswürdigkeit entgegenkommt wie der Bankangestellte aus Bogotà oder der Freund Claude aus Toulouse. Man macht sich ja nur ein ungefähres Bild von dem Unbekannten. Hat er ein zum Lachen aufgelegtes Gesicht, oder ist er verschlossen? Sieht er aus wie Herkules, oder ist es ein winziges Männchen? Das alles spielt keine Rolle. In solchen Sternstunden zählt allein der Kontakt zu dem Menschen.

Nach der ersten Woche auf See bin ich heute, am 27. Mai, 51° 59 Nord und 22° 07 West, 700 Meilen von Falmouth entfernt. Ich halte direkten Kurs auf Grönland. Mein Fahrplan hat sich glänzend bewährt!

Anfangs hieß es, westlich leicht an Höhe gewinnen, um sich durch den Verkehr, der in den Ärmelkanal strebt, und den, der die Südspitze Irlands umfährt, hindurchzulaborieren. Dann aber, wenn etwa der 30. Längengrad erreicht ist, muß man unbedingt vom Nordkurs abgehen, um nicht auf Kälte und Nebel zu treffen, bevor man sein Schlafdefizit aufgeholt hat. Das schlechte Wetter zieht jetzt nach Osten ab und nimmt Wolken und Sprühregen mit sich. Das Barometer steigt leicht an, und langsam scheint wieder die Sonne vom blauen Himmel.

Ich bin nun nicht mehr so eingespannt. Das Leben an Bord hat sich zunehmend eingespielt, und ich habe wieder ein Stimmungshoch. Auch die Taube hat ihre Krankheit überwunden und wird zusehends kräftiger. Da sie einen sehr einnehmenden Charakter hat, macht sie mir jetzt bereits das, was ich immer noch als meine Yacht bezeichne, als ihren Taubenschlag streitig. Manchmal kommt sie auf die Idee, sich in die Lüfte zu erheben und ein paar Runden um das Boot zu drehen. Unweigerlich beginnen dann die Möwen, die unserm Kielwasser Tag für Tag folgen, Jagd auf sie zu machen. Dann stößt sie schnellstens auf meine Schiffsplanken zurück, zufrieden, wieder in guter Form und außer Reichweite ihrer Verfolger zu sein. Ich muß gestehen, daß die Taube mir ganz schön zusätzlich Arbeit macht. Sie ist ein unersättlicher Vielfraß – und scheidet alles schnellstens wieder aus! Unentwegt muß ich ihre Spuren beseitigen; und wenn ich nicht aufpasse, zeichnet sie mir sogar ein paar neue Archipele auf meine Atlantikkarte. Aber ich bringe es nicht übers Herz, sie fortzujagen. Sie würde rasch ein Opfer der Raubvögel.

Ich mache mir die Flaute von heute nachmittag zunutze, um eine 16-mm-Filmkassette zu öffnen. In Großbritannien hatte ich einige Schwierigkeiten, die passenden Filme für meine Kassettenkameras zu finden. Die Lieferfirma hatte sie nicht am Lager und mußte sie in der Fabrik bestellen. So war ich gezwungen, die Abfahrt um einige Tage zu verschieben, und wurde schon ganz unruhig. Schon nach kurzer Zeit wurde ich zum Glück telefonisch verständigt, daß die Kassetten eingetroffen seien und ich sie abholen könnte. Ohne eine Minute zu verlieren, nahm ich ein Taxi, und schon bald waren die drei Kästen mit 100 Kassetten an Bord. Weil sie so gut verpackt waren und ich noch genügend Filmmaterial aus Belgien bei mir hatte, um die ersten Aufnahmen machen zu können, legte ich die ungeöffneten Kartons erst einmal beiseite. Jetzt ist der Augenblick da, sie auszuprobieren. Es ist ziemlich umständlich, die Metallbänder durchzuschneiden, mit denen die Kartons umwickelt sind, aber dann ist es soweit... Entsetzt stelle ich fest, daß überhaupt keine Kassetten drin sind!

Eine verdammte Geschichte! Ich untersuche sofort den Inhalt der beiden anderen Kästen: alle enthalten sie die gleichen Rollfilme... Es ist eine echte Katastrophe. Ohne die Filme kann ich nicht weiterfahren! Meine erste Reaktion ist die, meinen Freund Guy über Funk zu rufen, damit er sich mit der betreffenden Firma in Verbindung setzt. Der nächste Gedanke: Es ist Freitag und zu spät – vor Montag kann man nichts in die Wege leiten. Einen Augenblick schwanke ich: Soll ich weiter auf Grönland zuhalten oder sofort nach Großbritannien umkehren, was mich mindestens drei Wochen Zeit kostet? Aber die Filme werden das wichtigste Dokument meiner Nordwest-Passage sein! Schließlich muß ich einen Teil des Geldes, das ich in diese Expedition gesteckt habe, später wieder herausbekommen. Ich habe also keine Wahl, ich muß filmen und entschließe mich schweren Herzens, auf der Stelle umzukehren. Es ist 18 Uhr 25 an diesem Freitag, dem 27. Mai. Nachdem ich gut 720 Meilen in Richtung Grönland zurückgelegt habe, wende ich und halte Kurs auf den Ärmelkanal.

Glückliche Taube, nun siehst du die heimatlichen Gefilde wieder! Das ist aber auch mein einziger Trost. Ich habe Angst, mich wieder durch den Schiffsverkehr zu lavieren. Ich fühle mich nicht in der Lage, lange Wachen zu halten, und bin mir im klaren, daß es nicht nur darum geht, in England anzukommen, sondern schnellstens wieder aufzubrechen, um die Verspätung etwas aufzuholen.

Mit der Aussicht auf die kommenden Anstrengungen gehe ich früh schlafen. Bei dem schwachen Wind mache ich kaum Fahrt. Guy ist über das Wochenende verreist, und vor Montag früh bekomme ich keine Verbindung mit ihm. In meiner Niedergeschlagenheit verbeiße ich mich in den Gedanken, daß mein ganzes Projekt in Frage gestellt ist. Wenn ich in diesem Jahr nicht die erste Etappe meiner Reise schaffe, dann kann ich nur mir selbst Vorwürfe machen und der verlorenen Freiheit nachweinen.

Heute, am Samstag morgen, sind die meteorologischen Bedingungen genau so lustlos wie ich selbst. Der Wind ist vollends eingeschlafen, ein dichter Nebel umgibt die Yacht. Sie liegt praktisch bewegungslos auf dem Wasser. Ich kann mich zu keinem Entschluß durchringen.

Sonntag morgen gegen 11 Uhr 15 bekomme ich einen Anruf von Noël, der mir versichert, daß es keinerlei Schwierigkeiten mache, Pakete nach Grönland zu schicken, und daß es zwischen Dänemark und Grönland täglich mehrere Flugverbindungen gebe. Er will Kontakt mit Großbritannien aufnehmen, um zu erfahren, ob man mir die Kassetten nachsenden kann. Bis morgen um 11 Uhr wird er mir Antwort geben. Ich zweifle nicht am guten Willen der englischen Firma. Die werden drüben genauso bestürzt sein wie ich, wenn sie ihren Irrtum entdecken, und alles tun, damit ich die Filme bekomme, wenn die Verbindung mit Grönland klappt. Trotzdem entschließe ich mich, mit der *Williwaw* beizuliegen und nicht weiterzufahren, bevor ich klarere Informationen habe.

Der Sonntag vergeht. Die Angst des Mißlingens setzt

sich in mir fest. Das steigert den Streß, und unversehens bin ich in einer richtigen Depressionsphase. Ich rede mir zu: Du darfst nicht den Mut verlieren! Du mußt die Schwierigkeiten weniger kritisch und weniger verhängnisvoll betrachten, du mußt aktiv gegen dein Unbehagen ankämpfen, du mußt dir selbst ein Heilmittel verordnen. Was kann ich bloß gegen mein Stimmungstief tun? Ich will mich mehr um mein leibliches Wohl kümmern, gut und regelmäßig essen, zwischen geistiger und körperlicher Anstrengung abwechseln, jegliche Energieverschwendung meiden, mich bequem hinlegen, nicht zuviel Segelkram herumschleppen, soviel schlafen wie möglich, es mir gemütlich machen und so weiter.

Der Arzt Davis Louis zählt in seinem Buch *Icebird* eine ganze Serie von Medikamenten auf, die die Müdigkeit unterdrücken. Zweifellos haben sie – kurzzeitig genommen – durchaus einen Sinn, aber sie sind meines Erachtens gefährlich, weil man nicht mehr in der Lage ist, in absehbarer Zeit dem Organismus die Ruhe zu gönnen, die er braucht. Man darf die Müdigkeit nicht austricksen wollen, sondern muß ihre Ursachen reduzieren. Ich nehme mir vor, von jetzt an weder Kaffee noch Tee zu trinken. Jetzt fühle ich mich fast heiter. Mein Selbstvertrauen ist wieder da, und ich bin davon überzeugt, daß meine Reserven und mein gesunder Menschenverstand ausreichen, um mich aus diesem Tief herauszuholen.

Heute morgen erfahre ich von Noël, daß die Firma Kodak mir aus den USA die Kassetten nach Egedesminde in Grönland schicken wird, wo ich sie gleich bei meiner Ankunft in Empfang nehmen kann. Hurra, die Reise geht weiter! Dank euch Freunden aus dem Äther!

Nachdem ich mir noch ein wenig Ruhe gegönnt habe, mache ich rein Schiff, nehme ein Bad in einem Eimer und ziehe mich von Kopf bis Fuß frisch an. Welch ein Gefühl, wenn die saubere Wäsche über die frisch gewaschene Haut gleitet! Ich fühle mich rundherum wohl.

Grönland rückt näher

Am 1. Juni zeigt mir die Mittagsbreite an, daß ich mich 54° 48 Nord und 29° 13 West, etwa 1000 Meilen von Falmouth entfernt, befinde. Diese Position ist relativ gut, ein wenig zu nördlich für mein Gefühl. Cape Farvel, die Südspitze Grönlands, ist noch 560 Meilen weit, anscheinend noch von Eis bedeckt. Das Risiko, auf Eisberge zu stoßen, ist um den 56. Breitengrad sehr groß. Mein Sicherheitsspielraum ist also stark eingeengt.

Ich halte mich an meinen neulich gefaßten Vorsatz und kümmere mich ganz besonders um die Küche. Meine Reisegefährtin, die Taube, hat sich nun endgültig häuslich eingerichtet. Ich habe ihr in der Achterkabine eine Stange konstruiert und mich daran gewöhnt, jeden Morgen die Spuren der vergangenen Nacht wegzuwischen. Die Sitzstange besteht aus einem Besenstiel, der mit Klebestreifen an einem Wandbrett befestigt ist. Weil es empfindlich kalt geworden ist, läßt meine Kameradin sich nicht lange bitten, abends unter Deck zu kommen und sichtlich den Komfort zu genießen, den ihr die improvisierte Sitzstange bietet. Ich habe die Nummer auf ihrem Fußring entziffert und Noël gebeten, ihren Besitzer festzustellen und ihm mitzuteilen, daß sein Vogel sich gerade eine Kreuzfahrt über den Atlantik leistet. Die Taube ist bei ausgezeichneter Gesundheit, doch sie ist immer noch scheu, was ich ihr aber nicht übelnehme. Meine Nußvorräte sind leider bald erschöpft, und Nachschub kann ich natürlich nicht besorgen.

Am 3. Juni, kurz vor Mittag, kommen wir in dichten Nebel. Zur Stunde der Mittagsbreite kann ich den Horizont nur erraten. Unter diesen Bedingungen messe ich lieber genau nach: unsere Position ist 55° 47 Nord und 33° 05 West. Der Wind weht zuerst mit Stärke 5, steigert sich zu Stärke 6, dann zu 7. Seltsamerweise bleibt der Nebel undurchdringlich, und die Sicht ist gleich Null. Ich habe das Großsegel geborgen und fahre nur mit dem Vorsegel und dem Besan, wodurch ich so hart wie möglich am Wind bleiben kann. Theoretisch befinde ich mich jetzt in der Zone der Eisberge. Natürlich wäre es mir lieber, etwas weniger nördlich zu sein, aber der erstaunlich beständige Wind erlaubt es nicht, einen günstigeren Kurs anzulegen. Ich habe nur die Wahl, 10° zu nördlich zu halten oder 90° zu südlich. In der Hoffnung, daß die Windrichtung wechselt, bleibe ich also auf Nordkurs. Das Radargerät arbeitet ununterbrochen, damit ich eventuelle Eisberge früh genug orten kann. Die starke Brise bringt das Boot in Schwung, das nun allmählich in die Nacht vordringt. Ich bleibe den größten Teil der Nacht auf Wache. Um 11 Uhr morgens gibt die Sonne ein kurzes Gastspiel, und die Sicht wird besser. Die Mittagsbreite zeigt an, daß ich mich der Gefahrenzone nähere: ich habe jetzt 57° 02 Nord und 35° 45 West erreicht. Wegen der schlechten Sicht will ich bis zum Spätnachmittag auf diesem Kurs bleiben und dann nach Süden abdrehen, um einigermaßen gut schreiben zu können.

Am nächsten Morgen setzt Flaute ein, die Yacht liegt die nächsten vierundzwanzig Stunden völlig ruhig, und ich verbringe zu meinem Glück eine ausgezeichnete Nacht.

Am darauffolgenden Tag, gegen 22 Uhr, kommt endlich eine Brise auf, und ich höre mit Genugtuung das Wasser die Bordwand entlangrauschen. Der Wind hält die Nacht über an, und morgens haben wir eine gute Strecke zurückgelegt. Geschätzte Position an diesem Dienstag mittag: 56° 45 Nord und 42° 00 West.

Der weitere Kurs sieht vor, daß wir auf einen Punkt zusteuern, der noch 318 Meilen entfernt ist und bei

60° Nord und 50° West liegt. Dann wollen wir endlich den 50. Meridian entlang, bis wir auf Sichtweite an die Westküste Grönlands herankommen. Dadurch vermeiden wir die schwere See, die im allgemeinen um das Cape Farvel herum herrscht.

Unseren ersten Richtpunkt erreichen wir am 11. Juni in der Frühe, und mit größtem Vergnügen steuere ich nun voll in nördlicher Richtung. Wir nähern uns der Einfahrt in die Davis-Straße. Das Cape Farvel liegt 185 Meilen östlich, während vor uns, 435 Meilen im Westen, die wilden Wasser der Labradorsee und der Hudson-Straße zusammenströmen. Etwas weiter nördlich breitet sich die Baffin-Insel aus.

John Davis, Henry Hudson, William Baffin: mit diesen Namen hat die Entdeckung des Nordens begonnen. Viele andere sind ihnen gefolgt und haben sich mit ihren Hoffnungen, ihren Erfolgen, aber auch mit ihrem Martyrium in das Goldene Buch der Polargeschichte eingetragen.

Am frühen Nachmittag des 11. Juni, als wir schon mitten in der Davis-Straße sind, frischt plötzlich der Wind auf. Sofort muß ich das Vollzeug und sogar die Fock einholen. Die Wellen türmen sich unter der Gewalt des Windes, von den Schaumkämmen wehen lange weiße Gischtfahnen. Das marmorierte Meer reflektiert einen ständig wechselnden Himmel. Einmal jagen die Wolken darüber hinweg, dann wieder blitzt er unter grellen Sonnenstrahlen auf. Alles ist in Bewegung, erfüllt von Gischt, vom Salz, vom Heulen des Windes, vom Ächzen der Wanten. Nur meine tapfere Segelyacht bietet mir Schutz. Ich halte mich mit beiden Händen fest, hebe vorsichtig die Nase in Höhe des Bullauges und beobachte aus meiner sicheren Behausung heraus den Tumult draußen. Unermüdlich taucht der Vorsteven in die Welle, die ihn angreift, geht in die Höhe; das Wasser schäumt über das Deck und läuft an den Abflußrinnen ab, während die Yacht sich in das nächste Wellental stürzt. Ich mache jede Bewegung mit, ich spüre jedes Vibrieren, ich lausche dem Ächzen und Stöhnen. Das Schiff ist mehr als ein Rumpf aus Metall, es ist ein Stück meiner Seele, mein Kampfgefährte.

Ich hatte versucht, die Taube zu mir in Sicherheit zu bringen, aber davon wollte sie aus unerfindlichen Gründen nichts wissen. Ich hatte ihr seltsames Verhalten ihrem unabhängigen Charakter zugeschrieben und nicht mehr weiter an sie gedacht. Da erinnert mich eine besonders brutale Bö daran, daß sie immer noch draußen ist. Um sie hereinzulocken, öffne ich die Luke und halte ihr ein paar Nüsse vor die Nase. Das ist verlorene Liebesmüh, sie will einfach nicht zu mir hinein.

Im Laufe des Nachmittages beruhigt sich der Wind. Wir haben gute Fahrt gemacht, und Grönland kann nun nicht mehr weit sein. Vielleicht noch 60 Meilen. Die Yacht liegt gut am Wind, und es ist Zeit, wieder einige Segel zu setzen. Immer wieder denke ich an die Taube – wo steckt sie denn bloß?

„Du versteckst dich vor mir, liebe Freundin . . . Wohin hast du dich nur verkrochen?"

Ich habe eine Vorahnung – und erstarre.

„Ach, meine Taube . . ."

Sie ist fort, sie ist dem Ruf der Erde gefolgt. Und ich hatte nicht einmal die Freude, sie in der richtigen Himmelsrichtung davonfliegen zu sehen. Mir werden die Augen feucht, ich sende ein Stoßgebet für ihr zukünftiges Schicksal zum Himmel. Wird sie ihr heimatliches Großbritannien je wiedersehen?

Abends ist alles ruhig. Ich hole die Segel ein, lege das Ruder fest und schlafe nach dem Geschirrspülen und Aufräumen bald ein. Morgen wird das Festland in Sicht kommen!

Erste Begegnung mit dem Eis

Als ich gegen 2 Uhr morgens an Deck komme, erkenne ich im Osten deutlich die schroffen Umrisse der Insel Grönland. Der Morgenstern verbirgt sich noch hinter den Anhöhen, die die Gegend um Frederikshaab überragen und noch in leichtem Dunst liegen. Der Himmel rötet sich, er läßt das Festland violett erglühen, und der schwarze Ozean trägt mir mit seiner trägen Dünung auf den Wellenkämmen das Aufflammen des neuen Tages zu. Langsam steigt die Sonne über die Berggipfel, der

Himmel klärt sich auf, auch auf dem Lande wird es hell. Leider bezieht es sich dann wieder, und Grönland verschwimmt vor meinen Augen. Ich hatte es nur für wenige Minuten zu Gesicht bekommen.

Schönster Morgenfrieden umgibt mich, ich bleibe noch eine Weile ruhig stehen und spüre die Nähe der Natur. Dann bereite ich mir ein köstliches Frühstück, ziehe warme Kleidung an, weil es empfindlich kalt geworden ist, und setze meine Fahrt fort. Es ist 9 Uhr 30, als ich backbord vor mir plötzlich einen Eisberg

Mein erster Eisberg!

Von nun an sind Eisberge meine ständigen Begleiter

sichte. Das ist ein großer Augenblick: meine erste Begegnung mit dem Eis! Das Radargerät zeigt an, daß er 9 Meilen von mir entfernt ist. Das Echo ist gut und wird immer besser, bei 6 Meilen ist es ausgezeichnet. Bisher konnte ich noch keine Erfahrungen darüber sammeln, welche Qualität ein Echo haben würde, das sich an einem Eisberg bricht. Von jetzt ab kann ich beruhigt sein: der Radarschirm zeigt ihn mir zuverlässig an. Als ich ganz nahe daran vorbeifahre, mache ich einige Fotos: Erinnerungen an ein erstes Rendezvous!

Um die Mittagszeit zieht sich der Himmel ganz zu, die Sonne verschwindet. Jetzt nähere ich mich mehreren

Eisbergen. Ich sichte ein Fischerboot, das der Küste zustrebt. Kein Zweifel, es nimmt Kurs auf Frederikshaab.

Noch eine ganze Anzahl Eisberge sind mir im Laufe des Nachmittags begegnet, und ich stelle mit einem mulmigen Gefühl fest, daß sie zwar alle ein einwandfreies Echo liefern, daß aber die *Growler*, die von ihnen abbrechen, nicht auf dem Radarschirm erscheinen. Weil diese „kleinen" Eisbrocken, die sich von einem Eisberg lösen, gut und gerne einige Dutzend Tonnen wiegen und ein Zusammenprall mit ihnen sich verheerend auswirken würde, bin ich gezwungen, ständig Ausschau zu halten, und einige Ruderschläge in letzter Minute beweisen mir, daß die Growler nicht von weitem auszumachen sind.

Gegen 18 Uhr drehe ich wieder bei, denn der Wind hat sich gelegt. Nachdem ich ausgiebig zu Abend gegessen habe, lege ich mich schlafen. Es ist 19 Uhr 30. Der nächste Eisberg ist 5 Meilen entfernt.

Ich weiß nicht, was mich aufschrecken läßt – vielleicht das Rauschen des Wassers, das an der Bordwand entlangläuft? Mit einem Sprung bin ich an Deck und sehe bestürzt, daß meine Yacht Fahrt macht. Wie ist das nur möglich? Ich bin mir ganz sicher, das Ruder auf steuerbord gelegt zu haben. Da die *Williwaw* mit einer hydraulischen Steuerung ausgerüstet ist, hält im Normalfall ein ganzer Ventilsatz das Ruderblatt in der vorher eingestellten Position. Durch einen Defekt muß die Steuerung wieder mittschiffs zurückgerastet sein, und deshalb macht meine Yacht jetzt Fahrt. Ich untersuche sofort das Getriebe und entdecke sehr schnell, daß eine der Kolbendichtungen defekt ist. Das ist zwar ernst, aber nicht dramatisch. Die Steueranlage funktioniert nach wie vor, nur um beizudrehen, werde ich ein Hilfsruder brauchen, das man an einer Bordseite einhängen muß.

Ganz von der Steueranlage in Anspruch genommen, habe ich vollkommen vergessen, gleich nach dem Aufstehen den anliegenden Kurs des Schiffes zu notieren. Zu dumm, wie soll ich nun meine gegenwärtige Position schätzen?

Nachts geht die Sonne nur für wenige Stunden unter. Am 14. Juni steht sie von 2 Uhr 11 bis 21 Uhr 49 am Himmel. Die Nacht ist nicht rabenschwarz, Abend- und Morgendämmerung gehen ineinander über. Es ist heller Tag, als wir unsere Fahrt fortsetzen. Der Nordwind treibt einen feinen Schneeregen vor sich her. Das Wetter ist unangenehm: grau, feucht und kalt. Meer und Himmel verschwimmen hinter dem Regenvorhang. Ich habe schrecklich kalte Hände. Aber warme und wasserdichte Handschuhe sind so selten wie weiße Wale. Das beste ist noch, Wollhandschuhe zu tragen und darüber Gummifäustlinge zu ziehen. Ich halte auf die Küste zu und überwache dabei aufmerksam Radar und Echolot. Meine Bestürzung wächst, als das Bild auf dem Radarschirm in keiner Weise mehr mit dem Bild übereinstimmt, das die Karte anzeigt. Ich kann suchen, so lange ich will, ich kann meinen Standort einfach nicht ausmachen. Während ich schlief, muß die *Williwaw* enorm Fahrt gemacht haben. Nur – in welche Richtung?

Um in Ruhe überlegen zu können, wende ich mich wieder ein Stück der offenen See zu. Auf dem Radarschirm erscheint die Küste 9 Meilen entfernt. Noch immer weiß ich nicht eindeutig Bescheid und fahre weiter hinaus. Die Ungewißheit dauert bis zu dem Augenblick, wo ich einen kurzen Sonnenstrahl erwische und die Sonnenhöhe mit dem Sextanten messen kann. Ich übertrage den Wert auf die Karte und stelle verblüfft fest, daß ich viel weiter nördlich bin als vorgesehen! Ich bin gegen den Wind abgedriftet, also muß die Strömung entsprechend stark sein.

Natürlich war mir bekannt, daß an der Westküste Grönlands eine nördliche Strömung entlangläuft, aber sie kam mir in den vergangenen Tagen nicht besonders stark vor. Diese plötzliche Beschleunigung jedenfalls hatte ich nicht erwartet. Im „Nautischen Handbuch" lese ich jedoch nach: Zu gewissen, nicht genau festgelegten Zeiten kann die Geschwindigkeit dieser Strömung 3 Knoten überschreiten. Aufgrund dieser relativ warmen Strömung tritt der Eisgang an der Küste Grönlands zeitiger ein als an der kanadischen Küste. Danach hatte ich meine Route ausgewählt.

Meine Position nach der Mittagsbreite vom 13. Juni:

62° 43 Nord und 51° 05 West.

Der Kompaß scheint noch genügend Wirkung zu haben, so daß ich mich entschließe, die automatische Steuerung einzuschalten. Den Nachmittag über bin ich im Maschinenraum beschäftigt und wechsle unter anderem eine Dichtung aus, denn aus dem Thermostat des Motors rinnt Wasser. Die undichte Stelle machte sich nur in dem kurzen Zeitraum bemerkbar, als der Motor noch kalt war, und ich hatte riesiges Glück, daß ich die Panne so schnell beheben konnte. Wegen der zahlreichen Eisberge konnte ich kaum mehr als ein paar Minuten hintereinander unter Deck arbeiten.

Als der Tag zu Ende geht, suche ich mir mit Hilfe des Radargerätes ein „Loch" inmitten der Eisberge aus, um einigermaßen sicher die Nacht zu verbringen. Da der Wind sich gelegt hat, berge ich die Segel und lasse das Schiff driften. Kurz darauf schlafe ich selig ein. Aber wie vorauszusehen, wirft mich der Wecker schon zwei Stunden später wieder aus der Koje. Als ich kontrolliere, wie weit ich von den Eisbergen entfernt bin, stelle ich überrascht fest, daß meine Yacht viel schneller abdriftet als diese! Bevor ich mich schlafen legte, hatte ich eine Kopie der verschiedenen Echoaufzeichnungen, die auf dem Radarschirm erschienen waren, angelegt, und beim Vergleich stelle ich jetzt fest, daß das Bild sich seitdem völlig verändert hat. Der Eisberg, der vorher vier Meilen vor mir lag, ist um zwei Meilen nähergerückt, und ein anderer, der eine Meile von diesem

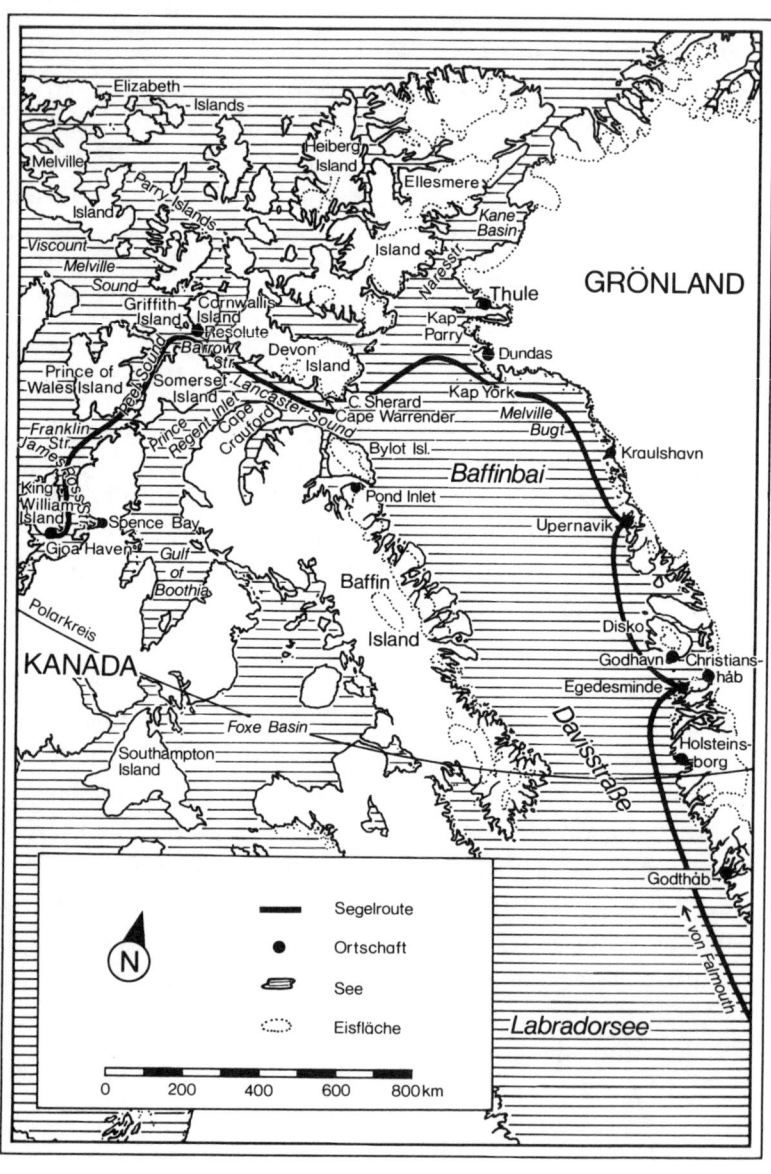

Elizabeth
Islands
Melville
Island
Heiberg
Island
Ellesmere
Parry Islands
Kane
Basin
Viscount
Melville
Sound
Island
Nares Str.
Cornwallis
Island
Griffith
Island
Resolute
Barrow Str.
Devon
Island
GRÖNLAND
Thule
Kap
Parry
Dundas
Prince of
Wales Island
Somerset
Island
Lancaster-Sound
C. Sherard
Cape Warrender
Kap York
Prince Regent Inlet
Cape Crawford
Melville
Bugt
Franklin-
Str.
James
Bylot Isl.
Kraulshavn
King
William
Island
Spence Bay
Pond Inlet
Baffinbai
Gjoa Haven
Gulf
of
Boothia
Upernavik
Baffin
Island
Polarkreis
KANADA
Disko
Godhavn
Christians-
håb
Egedesminde
DavisStraße
Foxe Basin
Southampton
Island
Holsteins-
borg
Godthåb
Segelroute
Ortschaft
See
Eisfläche
N
von Falmouth
Labradorsee
0   200   400   600   800 km

entfernt lag, ist jetzt mehr als drei Meilen abgetrieben. Was geht hier vor sich? Die *Williwaw* ist nicht nur schneller als sie, auch die Eisberge untereinander haben verschiedene Abdriften!

Das Echolot gibt 80 Meter an. Ein Blick auf die Karte zeigt mir, daß ich mich am Rande der Danas-Bank befinde, was bedeutet, daß die Eisberge auf der Steuerbordseite langsamer werden. Ein symmetrischer Eiskoloß, der 15 Meter über die Wasserfläche emporragt, reicht unter Wasser etwa 60 Meter tief. Da im allgemeinen die Strömung an der Wasseroberfläche viel stärker ist als auf dem Grund, wo sie gebremst ist, driften die Eisberge in weniger tiefem Wasser weniger schnell ab. Auf der Backbordseite nimmt im Augenblick die Tiefe rasch zu, logischerweise haben die Eisberge hier die größere Geschwindigkeit. Damit erklärt sich auch die „persönliche" Abdrift eines jeden Eisbergs. Langsam, aber sicher geht mir ein Licht auf!

Position nach der Mittagsbreite des 14. Juni: 63° 14 Nord und 51° 48 West, oberhalb der Fiskenaes-Bank, Wassertiefe 90 Meter, Temperatur 10 ° Celsius. Während der letzten Nacht waren es nur 4°. Es weht ein leichter Nordwind, das Barometer fällt auf 1015 Millibar. Einige große Eisberge sind am Rande der Bank gestrandet. Die Küste ist nicht zu sehen.

Ich segle die ganze Nacht über, um einen schwachen Südostwind auszunützen. Morgens frischt der Wind auf und erreicht Stärke 5. Der Himmel ist bedeckt, es regnet – aber wir haben eine schöne Strecke zurückgelegt! Ich kontrolliere den Kurs mit dem Echolot, denn das Bodenrelief variiert und erlaubt recht genaue Messungen. Sie schwanken zwischen 90 und 180 Meter. Jeden Wert trage ich sorgfältig in die Karte ein. Mein gutes Schlepplog, am Heck montiert, zählt die zurückgelegten Meilen zusammen, und jede Woche einmal ziehe ich seinen Propeller aus dem Wasser, um für den Ernstfall die Logleine zu überprüfen, die sich leicht abnützt.

Godthåb habe ich im Laufe der vergangenen Nacht passiert, aber die Sicht ist sehr schlecht, und ich bin zu weit draußen, um die Küste sehen zu können. Die ganze Nacht über bleibe ich am Radargerät und nicke nur stundenweise ein. Zwar tue ich mein möglichstes, um ein geregeltes Leben zu führen, aber bei einem Zusammenstoß mit einem Eisberg wäre meine Fahrt im wahrsten Sinne des Wortes abbruchreif.

Am Morgen des 16. Juni schneit es. In dem denkwürdigen Augenblick, als ich den Polarkreis überquere, genehmige ich mir eine halbe Flasche Champagner. Auf einen Sektkühler kann ich bei den Temperaturen verzichten!

Wir sind jetzt oberhalb der Store Hellefiske-banke. Zum Glück hat sie nur eine geringe Tiefe, kein Eisberg kann über sie hinweggleiten. Nach einer gut verbrachten Nacht ist am Morgen des 17. Juni der Himmel wieder einmal grau. Und es ist auch kälter geworden:

minus 1 Grad.

Ich mache mich langsam mit dem Gedanken vertraut, bald an Land zu gehen, denn Egedesminde ist nicht mehr allzu weit. Ich lote die 180-m-Linie nördlich der Hellefiske-banke, den Ausgangspunkt für meinen Kurs zur Küste. Meinem Kompaß traue ich nicht mehr und muß mich deshalb rückversichern, bevor ich das Festland anvisiere. Glücklicherweise kommt die Sonne genau zum richtigen Zeitpunkt durch die Schichtwolken, und so kann ich meinen Kurs mit dem Sextanten kontrollieren. Nach und nach taucht auch das Festland hinter dem dunklen Vorhang auf, der es bislang ver-

In der Ferne taucht Vester auf

41

hüllte. Und da ist auch schon die Insel Vester, meine erste Landmarke auf dem Weg nach Egedesminde. Die Landschaft ist wunderschön, der Ozean tiefblau, so wie man ihn sich wünscht. Das Festland in der Ferne färbt sich malvenfarben. Einige bewegungslose Eisberge vervollständigen noch die Palette kalter Farben, während die Insel Vester und ihr goldfarbener Strand ein wenig Wärme in das Bild bringen.

Leicht erkenne ich die Fahrrinne, die nach Egedesminde führt. Der Hafen und der Ort bleiben noch eine Weile hinter einer Insel verborgen, und erst als ich diese umsegelt habe, entdecke ich, mit der Sonne im Rücken, die buntgestrichenen Holzhäuser.

Kleine Boote stoßen vom Ufer ab, eine ganze Gruppe Jugendlicher stürmt zu mir ins Cockpit. Ein Eskimo macht mir Vorwürfe, daß ich die dänische Flagge nicht gehißt habe, der Hafenkapitän prüft meine Papiere. Alle reden gleichzeitig...

Ich lasse den Anker auf den Grund gleiten. Nach 28 Tagen auf See ist dies mein erster Landgang.

Zu Gast bei den Eskimos

Die ersten Tage in Egedesminde sind nicht gerade geruhsam. Meine Ankunft fällt nämlich mit dem beginnenden Wochenende zusammen, und da ist – so will es die Tradition – jedermann auf den Beinen..., wenigstens, solange er nüchtern ist! Es wird viel getrunken, es wird viel getanzt, man bummelt hierhin und dorthin. Und wenn man es am Wochenende mit der Zeit nicht so genau nimmt, habe ich ununterbrochen Besuch. Tag und Nacht!

Ich versuche zuvorkommend zu sein. Ich beantworte freundlich alle Fragen, soweit ich sie verstehen kann, denn ich spreche kein Dänisch. Ich habe auch nichts dagegen, wenn meine Gäste die Yacht von oben bis unten inspizieren, aber bei der ersten besten Gelegen-

Egedesminde im Licht der Mitternachtssonne

heit komplimentiere ich sie wieder hinaus. Die Eskimos sind äußerst ungezwungen. Sie bringen sich ihr Bier mit und trinken alle mehr, als sie vertragen können.

Am Sonntag abend glaubte ich, daß ich den Besucheransturm endlich hinter mir hatte. Ich bin nicht besonders guter Laune, als mich am nächsten Morgen ein Klopfen der Bordwand weckt. Das darf nicht wahr sein, das fängt ja schon wieder an! denke ich erbost.

Mit einer entschlossenen Handbewegung stoße ich die Luke zurück und sehe mich einem Einheimischen in mittleren Jahren gegenüber, der eine Aktenmappe in der Hand trägt und sich als Journalist ausgibt. Neben ihm steht ein höchstens zehnjähriger Junge. Mein Besucher zeigt auf ihn und sagt: „Das ist mein Fotograf."

Er gibt dem Kleinen einen Rippenstoß, und der nickt daraufhin folgsam mit dem Kopf – ja, er ist wirklich der Fotograf. Tatsächlich! Die Kamera hängt ihm um den Hals und schlägt ihm gegen die Waden.

Was soll denn das nun wieder? frage ich mich.

Der Unbekannte spricht ein recht gutes Englisch. Die Situation entbehrt nicht einer gewissen Komik, und amüsiert bitte ich die beiden herein. Sobald er sich gesetzt hat, erklärt mir der Journalist lächelnd, er habe mir etwas mitgebracht, und zieht aus seiner Mappe – keineswegs ein Schreibgerät, sondern etwas zu trinken!

Du lieber Gott, das kann ja heiter werden!

Doch der Mann hat ein angenehmes Wesen, ist sogar recht kultiviert, und ein Gespräch kommt schnell in

Gang. Kununguak Fleischer – er muß mir seinen Namen auf ein Blatt Papier schreiben – ist Lehrer und betreut die kleine Schülerzeitung, für die er mich interviewen will. Die Schule besitzt ein Fotolabor, wo die Schüler lernen, Schwarzweißaufnahmen zu entwickeln, daher der „Fotograf" in seiner Begleitung. Wir kommen auf den Alkoholismus zu sprechen, der doch sicher zu seinen schwierigsten Erziehungsproblemen gehört. Aber Kununguak Fleischer sieht die Situation nicht so dramatisch und ist voller Verständnis für seine Eskimobrüder. Bevor er sich verabschiedet, muß ich eine Einladung zum Essen annehmen. Seine Frau hat ihm aufgetragen, mich unbedingt mitzubringen. Er will mich heute abend abholen, und wir gehen dann zusammen zu dem Hotel, wo das Essen stattfindet. Ich habe Ausflüchte, ich sei so müde, aber Kununguak läßt nicht locker, bis ich endlich einwillige.

Zur verabredeten Zeit holt er mich ab und führt mich zuerst zu sich nach Hause zu einem kleinen Aperitif. Pierke, seine bildhübsche Frau, erwartet uns und bietet uns zum Willkommen Walfischhaut (Matak) und – natürlich – Carlsberg-Bier an. Ich wünsche mich hundert Meilen von hier weg, beileibe nicht wegen Pierke, sondern wegen der Aussicht, rohe Walfischhaut hinunterzuwürgen. Aus Höflichkeit und auch aus Neugierde probiere ich schließlich ein Stückchen, hüte mich aber, ein zweites Mal zu nehmen, und bin erleichtert, als mein Gastgeber zum Aufbruch mahnt.

Das Restaurant hat mehrere Säle und eine Tanzfläche. Kununguak hat noch eine Menge Freunde dazu geladen, und wir sind zu zehnt am Tisch. Das Abendessen besteht hauptsächlich aus Rentierfleisch und wird ausgiebig begossen. Jeder greift wacker zum Glas, ich dagegen versuche den allgemeinen Trinkrhythmus nicht einzuhalten. Nach dem Essen beginnt die Musik, und – Gott weiß, woher sie alle kommen –, es finden sich etliche Frauen an unserm Tisch ein. Alle wollen mit mir tanzen, aber das Alter dieser Damen läßt mich zögern. Die Jüngste ist mindestens fünfzehn Jahre älter als ich. Erst versuche ich sie höflich abzuwimmeln, als sie aber immer zudringlicher werden, mache ich Kununguak klar, daß ich nun schlafen gehen möchte. Der ist leider nicht mehr imstande, mich heimzubringen. So bittet er Partapik, einen seiner Freunde, mich zu begleiten. Bevor wir uns vom Tisch erheben, verstellen uns vier weibliche Schreckensgestalten den Weg! Unterwegs zum Hafen nimmt die Frechste von ihnen mich am Arm, während die andern drei sie beschimpfen. Ich breche in ein irres Lachen aus, was zur allgemeinen Verwirrung beiträgt. Als ich mich endlich – ich weiß gar nicht, wie ich das geschafft habe – aus der Umklammerung befreit habe, hefte ich mich Partapik an die Fersen, und wir beschleunigen unsere Schritte. Hinter uns hören wir das wüste Schimpfen der alten Weiber. Als wir schließlich am Hafen sind, gehe ich etwas langsamer, warte, bis mein Führer das Boot losgemacht hat, setze zum Sprint an und schwinge mich in das Boot.

Offensichtlich nicht so gut zu Fuß wie ich, haben die Verfolgerinnen uns aus den Augen verloren, und wir rudern hinaus. Partapik tut keinen Muckser, wahrscheinlich, um sein Gesicht zu wahren. Noch lange hören wir das Gezeter der drei Alten.

Am nächsten Morgen geht es wieder um ernstere Dinge. Ich erfahre mit Erleichterung, daß die Kassetten angekommen sind. Endlich eine gute Nachricht, die mich von einer großen Sorge befreit. Dabei wird mir klar, daß ich bisher zum Filmen überhaupt noch keine Zeit gefunden habe. Wie soll ich bloß einen ganzen Film zustande bringen? Meine Reisebedingungen werden nicht einfacher werden, im Gegenteil, und es geht ja nicht nur um den Film. Ich habe seit dem Aufbruch auch noch keine Zeile für einen Zeitungsartikel zu Papier gebracht.

Ich muß mir ganz energisch überlegen, wie ich mein Programm auf die Dauer abwickeln will. Das Segeln fordert meine ganze Kraft und ist mit dem Segeln in küstennahen Gewässern überhaupt nicht zu vergleichen. Der Nordatlantik war ein hartes Stück Arbeit, und die Eisberge stellen einen Einhandsegler vor das Dauerproblem, ständig wach bleiben zu müssen. Wenn ich mir vorstelle, daß die Eisberge, die immerhin im offenen Wasser abdriften, viel weniger gefährlich als das Packeis sind...

Ich mache mir in dieser Hinsicht nichts vor. Meine Widerstandskraft hat ihre Grenzen, und das Schlafdefizit, das durch lange Überbeanspruchung entstanden ist, kann ich nicht so schnell aufholen. Meine Erfahrungen in den ersten 28 Tagen haben mich gelehrt, daß man in der verhältnismäßig kurzen Saison nicht beides betreiben kann, das Abenteuer des Segelns *und* die Tätigkeiten, die erst die ganze Expedition finanzieren und die allein ihre Fortsetzung ermöglichen. Man darf sich nichts vormachen: es ist teuer, außerhalb der ausgetretenen Pfade zu wandeln.

Im 16. Jahrhundert wandte man sich an Karl V. oder an Elisabeth von England, wenn man eine Expedition durchführen wollte. Heute muß man ein solches Unternehmen selbst finanzieren. Das ist mir im Grunde ganz recht, kommt es doch meinem Wunsch nach Unabhängigkeit entgegen. Einen Film zu drehen, ein Buch oder einen Zeitungsartikel zu schreiben, erfordert jedoch viel Sorgfalt und viel Zeit. Andererseits bringt das Leben auf einer Segelyacht viel zusätzliche Arbeit mit sich. Man muß ja nicht nur navigieren, sondern auch entstandene Schäden ausbessern, Roststellen neu streichen, den Schmutz beseitigen. Kurzum, ich stelle mir vor, daß das zu zweit wesentlich leichter wäre.

Während der Vorbereitung auf diese Reise besuchte ich eines Abends eine belgische Familie, die schon Polarumseglungen gemacht hatte. Die beiden Söhne des Hauses zeigten sich an meinen Plänen interessiert und machten mir den Vorschlag, mich zu begleiten. Ich lehnte aber ab, weil ich glaubte, daß sie es im Grunde doch nicht ernst meinten.

Ich vergaß das Gespräch und war ganz überrascht, als der eine von ihnen, Jean-Louis, mir beim Start in Nieuwpoort erklärte, unbedingt mitkommen zu wollen. Ich war im Aufbruch begriffen und konnte unmöglich einwilligen.

Jetzt jedoch denke ich daran, Jean-Louis Bescheid zu geben, daß ich für ihn einen Platz an Bord habe. Er ist der Enkel von Adrien de Gerlache, dem Kommandanten der belgischen Polarexpedition von 1897–99, der mit ihrem Dreimaster *Belgica* die erste Überwinterung in der Antarktis geglückt war, und der Sohn von Gaston de Gerlache, dem Leiter der Antarktis-Expedition von 1957–59. Jean-Louis also scheint mir genügend „motiviert" zu sein, um die Entbehrungen und Risiken dieser Reise mit mir zu teilen.

Ein paar Tage sind seit meiner Einladung in Egedesminde vergangen. Inzwischen habe ich das Dorf und das Leben und Treiben der Bewohner kennengelernt. Offenbar ernährt sich der grönländische Eskimo heute genauso wie seine Vorfahren. Den ganzen Tag über landen die kleinen Fischerboote an und verkaufen am Kai, was sie gefangen haben, Fische, Wale, Seehunde oder Meeresvögel. Die ansässigen Dänen ernähren sich mehr auf europäische Art, wenn auch manche von ihnen Walfischfleisch essen, das im Geschmack an

Rindfleisch erinnert. Unter den Kunden am Kai sind regelmäßig Dänen. Ich habe aber gemerkt, daß sie immer mehr bezahlen müssen als die Eskimos, die dann trotzdem die besten Stücke eingepackt bekommen – ein typisches Beispiel für die unfreundliche Einstellung gegenüber den Dänen, ja dem Fremden überhaupt. Diese Feindseligkeit führt immer wieder zu Streitigkeiten und der Däne, der kein Interesse hat, die Atmosphäre noch mehr zu vergiften, bleibt nachts, besonders am Wochenende, wenn das Bier in Strömen fließt, lieber zu Hause.

Schußwaffen sind frei verkäuflich, schon Kinder ab zwölf Jahre können jedes Gewehr kaufen. „Unfälle", besonders unter Jugendlichen, sind an der Tagesordnung.

Das Leben hat für den Eskimo keinen hohen Wert, was die Strafprozeßordnung vor allem in Grönland bestätigt. Die Höchststrafe für einen Mörder beträgt gewöhnlich fünf Jahre Zuchthaus, in einem modernen Gefängnis, mit Fernsehen, Kino, Sport und bezahlter Arbeit außerhalb des Gefängnisses. In unseren Augen ist der Eskimo überaus grausam gegen Tiere, denn Mitleid ist ein Gefühl, das an unsere Zivilisation gebunden ist. Er tötet die Tiere gedankenlos, oft ohne die geringste Notwendigkeit. In Grönland ist es zum Beispiel Sitte, nach der Schneeschmelze die Schlittenhunde auf einen der zahlreichen unbewohnten Felsen zu bringen, die die Küste säumen, und sie dort bis zum Ende der Sommersaison ohne Nahrung zurückzulassen, damit die natürliche Auslese wirksam wird. Der Hund wird aber auch getötet, weil man auf sein Fell erpicht ist, vor allem, um warme Einlegesocken daraus zu nähen, die man innen in den Seehundschuhen trägt. Und damit das Fell sich schön gerade aufstellt, wird der Hund meistens erhängt.

Zum Glück werden heute nur noch Schuhe und Handschuhe in Handarbeit hergestellt. Ansonsten trägt der Eskimo synthetische Textilien, genau wie der Europäer. Die Läden quellen über von allen gängigen Artikeln, überall sind auch die bekanntesten Kosmetikartikel im Handel. Um den Eindruck zu berichtigen, den meine Leser vielleicht nach der Lektüre des Kapitelanfangs gewonnen haben, muß ich noch hinzufügen, daß die junge Eskimofrau ausgesprochen hübsch ist!

Ich weiß, daß ich über die Einwohner von Egedesminde wenig Schmeichelhaftes gesagt habe, aber die Tatsachen lassen mir leider keine andere Wahl. Es bäumt sich eben alles in mir auf, wenn ich Zeuge so beispiellos dummer und bösartiger Tierquälerei werde, die vor allem die wirtschaftlich wertvollen Tiere trifft. Ich finde, es ist gegen die Natur, Leben zu vernichten, wenn dadurch nicht eine andere Existenz erhalten oder gerettet werden soll.

Der Konkurrenzkampf beginnt

Ein oder zwei Tage ist es her, daß ich die Besatzung der
J. E. Bernier II kennengelernt habe. Sie verfolgten im
vergangenen Jahr von Montreal aus das gleiche Ziel wie
ich: die Bezwingung der Nordwest-Passage. Die erste
Saison war der *Bernier* nicht günstig gewesen, denn sie
mußte in Holsteinborg, etwa 100 Meilen südlich von
Egedesminde, überwintern. Die Besatzung hatte ihr
Schiff in Grönland zurückgelassen und war den Winter
über nach Montreal zurückgekehrt.

Kurz vor meinem Aufbruch erfuhr ich von diesem
„Konkurrenz" –Unternehmen und war natürlich sehr
daran interessiert, Real Bouvier und seiner Mannschaft
zu begegnen. Sicher war die Neugierde beiderseits,
denn auch sie hatten in der Presse von meiner Reise
gelesen. Beide waren wir also auf einen gegenseitigen
Erfahrungsaustausch gespannt, bemühen uns jedoch
mit geradezu peinlicher Sorgfalt, Konkurrenzgefühle
gar nicht erst aufkommen zu lassen. Die Besuche auf der
Williwaw wie auch auf der *Bernier* verliefen äußerst
herzlich.

Die Besatzung besteht aus vier Männern und einer
Frau. Marie-Eve, die gütige kleine Fee an Bord, überreicht mir unter den Augen des Skippers das „Kanadi-

sche Nautische Handbuch", das sie doppelt hatten, und eine Freundschaftsflagge mit dem Ahornblatt, die ich noch nicht besitze. Ich finde die Kanadier sehr sympathisch und ziemlich selbstbewußt. Die Lässigkeit, mit der sie über die Schwierigkeiten der Route sprechen, verblüfft mich. Wenn man sie so hört, könnte man glauben, die Beringstraße sei bereits in Sicht! Ihre optimistische Einstellung zeigt sich auch in der Ausrüstung des Schiffes. Es hat überhaupt keine Innenwand-Isolation, und fast auf der gesamten Innenfläche wird der Stahl sichtbar. Der Skipper kann nicht im Ernst daran gedacht haben, an Bord zu überwintern. Bei fünf Leuten, herrscht hier eine drangvolle Enge. Kurzum: meine *Williwaw* ist mir lieber!

Die *Bernier* ist nur einen Tag im Hafen geblieben. Dann sind sie wieder abgedampft, um die Gletscher bei Jakobshavn zu filmen, während ich auf Jean-Louis warte. Heute morgen habe ich über Funk erfahren, daß er den Vorabend bei meinem Freund Guy verbracht hat. Jean-Louis will ein Zelt und Winterkleidung mitbringen. Bei meiner Anfrage hatte ich ihn lediglich eingeladen, die Baffin-Bay mit mir zu durchqueren, aber da er seine Stelle aufgeben muß, hat Guy gerade angefragt, ob ich ihn die ganze Zeit über behalten würde. Ich kenne Jean-Louis nur oberflächlich und möchte mich deshalb nicht vorzeitig festlegen. Wenn wir uns miteinander vertragen, kann er selbstverständlich so lange er will an Bord bleiben. Allerdings bestehe ich darauf, daß jeder von uns das Recht hat, das gemeinsame Unternehmen jederzeit zu beenden. Doch warum sollen wir eigentlich nicht miteinander auskommen? Mein Vorschlag scheint keine weiteren Probleme aufzuwerfen. Daher rechne ich nicht sehr bald mit der Ankunft meines neuen Kameraden. Zu Guy habe ich unbegrenztes Vertrauen, er ist ein erfahrener Segler, er kennt das Leben an Bord und weiß, was man an Sachverstand mitbringen muß. Ich unterschreibe im voraus jedes Arrangement, das er trifft.

Der Landaufenthalt zieht sich ganz schön in die Länge und kann mir nichts mehr bieten. Die Treibstoff- und Trinkwasserreserven sind aufgefüllt, die Ausrüstung ist in perfektem Zustand. Kununguak besucht mich weiterhin regelmäßig und lädt mich trotz meiner Absagen jedesmal zu seinen Zechgelagen ein.

Ein paar Jugendliche sind gekommen und haben nach Drogen gefragt. Sie waren sichtlich verärgert, als ich ihnen sagte, so etwas besäße ich nicht. Einer knallte eine ganze Handvoll Banknoten auf den Tisch und rief: „Nimm das, damit du endlich weißt, daß wir zahlen können!" Daraus schließe ich, daß sie sich von anderen Schiffen Drogen beschaffen.

Endlich, am 8. Juli, trifft Jean-Louis ein, nachdem der ständige Nebel, der tagelang über Egedesminde lag, seine Ankunft verzögert hatte. Wenn man dem Kapitän der *Bamsa Dan*, der mit seinem Frachter die ganze Region mit Lebensmitteln versorgt, Glauben schenken darf, haben wir gute Chancen, das 400 Meilen nördlich liegende Upernavik zu erreichen. Nun können wir also den Kurs festlegen. Nach diesem langen Aufenthalt sehne ich mich danach, wieder aktiv zu sein.

Doch ich lasse meinem Kameraden Zeit, sich zu akklimatisieren. Heute, Samstag, den 9. Juli, beschäftigen wir uns mit der Kompaßrechnung. Es gibt in Egedesminde verschiedene gute Landmarken, und wir haben eine ruhige, gut geschützte Wasserfläche für unsere Arbeit. Die Richtkraft des Kompasses ist bereits so schwach, daß sich die Bewegungen der Kompaßrose verzögern, und es dauert sehr lange, bis sie sich stabilisiert. Mit der nötigen Geduld kommt man aber noch zu zufriedenstellenden Ergebnissen.

Für Jean-Louis ist das alles neu. Er hat noch nie auf einer Yacht navigiert. Am nächsten Morgen laufen wir bei schönstem Wetter aus, der Himmel ist heiter, die Sicht ist gut. Das Barometer zeigt konstant 1017 Millibar, die Mittagstemperatur beträgt 8°. Ein leichter Gegenwind zwingt uns zu häufigem Kreuzen, und als nach einigen Stunden der Westwind einschläft, werfe ich ohne Zögern den Motor an, denn wir müssen unbedingt schnell vom Fleck kommen.

Flauten sind an der grönländischen Westküste nichts Ungewöhnliches, deshalb ist ein leistungsstarker Motor unerläßlich, wenn man eine gewisse Entfernung in einer bestimmten Zeit zurücklegen will. Andererseits ist das Nachtanken von Treibstoff manchmal so schwierig, daß man, wenn irgend möglich, doch lieber die Segel setzt.

Am 11. Juli stelle ich zu meinem großen Ärger fest, daß eine der Befestigungsschrauben des Motors mittendurch gebrochen ist – immerhin ein Stahlbolzen von 14 mm Durchmesser! Um den Schaden zu reparieren, nehme ich Kurs auf einen kleinen Fjord, der westlich von uns in die Insel Disko einschneidet. Im Laufe des Nachmittags ankern wir schon mitten im Mellemfjord. Leider ist die Panne nicht zu beheben, ohne den Motor auszubauen, eine Arbeit, die ich im Augenblick nicht ausführen kann. Ich werde wahrscheinlich bis Upernavik warten müssen. Obwohl jetzt nichts zu machen ist, bleiben wir bis zum nächsten Morgen vor Anker.

Das Barometer sinkt schnell, während uns beim Verlassen des Fjords der Nordwest mit Windstärke 4 empfängt. Die Temperatur beträgt 6°. Nachdem wir etliche Meilen hart am Wind gesegelt sind, dreht die Brise nach Ost, was wir mit einem dreifachen Hurra begrüßen. Zuerst schwach, entwickelt sie sich rasch stärker. Ich unterschätze wahrscheinlich die schützende Wirkung der Küste. Sobald wir nämlich den Vaigat-Kanal passieren, eine Fahrrinne, die die Insel Disko von der Halbinsel Nûgssuaq trennt, wird die *Williwaw*, noch voll unter Segeln, von einer Windböe niedergedrückt. Blitzschnell bergen wir das Stagsegel, dann das Besansegel. Die Yacht ist während der Böen nur schwer zu halten. Der Vaigat führt eine große Anzahl Eisberge mit sich, die von den Gletschern aus der Gegend von Jakobshavn stammen, und die *Williwaw* muß geschickt zwischen ihnen hindurchlaviert werden. Es gibt kaum noch offenes Wasser – nun heißt es Tempo zulegen! Ich gehe darum vor den Wind, um die Fock zu bergen. Die Windstöße sind hart und andauernd. Wir haben unser Ölzeug angezogen und arbeiten wie die Besessenen. Erst später, als etwas Ruhe eingekehrt ist, spüre ich, daß es plötzlich erstaunlich warm geworden ist, mehr als 20°.

Mit Sturmfock und Großsegel haben wir immer noch zuviel Segelfläche. Der Windmesser zeigt Stärke 9, als eine Bö von 10, 11 oder gar noch mehr über uns herfällt. Ich versuche noch, die *Williwaw* in den Wind zu bringen, aber ein Eisberg versperrt uns den Weg. Ich gebe Jean-Louis ein Zeichen, das Großsegel zu bergen, aber, o Schreck, das Falltau verheddert sich und klemmt das Segel ein. Das Tuch schlägt wie wild gegen die Wanten, die Latten klatschen an das Segel, durchbohren es, wirbeln durcheinander, dann fällt das schöne Segel im wahrsten Sinne des Wortes in sich zusammen. Die reine Katastrophe! Durch meine Schuld ist in Sekundenschnelle mein schönes Segel dahin! Jean-Louis tut sein bestes, um die Leinen zu entwirren, während ich das Ruder loslasse, um ihm bei der Bergung des Segels zu helfen. Nur mit der Sturmfock wird das Boot endlich wieder fügsam. Schnell umwickeln wir das eingesunkene Segel mit Zeisingen. Kaum hat sich der Wind beruhigt, wird es sofort wieder kalt. Wir haben soeben einen Durchzug tropischer Luftmassen über den Polarkreis miterlebt! Jean-Louis hat seine erste Bewährungsprobe an Bord mit stoischer Ruhe überstanden. Die Kaltluftfront, die inzwischen über uns hereingebrochen ist, bringt Schneeregen, Nebel und Tiefsttemperaturen mit sich. Der Wind ist jedoch schwächer geworden. Unter diesen meteorologischen Bedingungen kommen wir auf der Höhe der Halbinsel Svartenhuk an.

Die triste Küstenlandschaft verschwindet im Ungewissen, die Eisberge, die der Nieselregen noch gewaltiger erscheinen läßt, haben einen weißen Strahlenkranz, während Svartenhuk Halvo, im Landesinnern, sich als großer dunkler Fleck erraten läßt. Himmel und Erde verschwimmen an diesem fahlen Morgen wieder ineinander. Jedesmal, wenn ich in die Kajüte hinuntersteige, um die Karte zu studieren, fließt ein kleines Wasserrinnsal, das sich in den Segeln gesammelt hat, den Besanmast hinunter und dringt backbord in die Kajüte ein. Und ich kann doch Wasser an Bord der *Williwaw* nicht ausstehen!

Am späteren Vormittag schläft der Wind ein und sofort macht sich die geringe Segelfläche unangenehm bemerkbar. Ich muß tatenlos zusehen, wie meine Yacht dahinschleicht und kann den Wind nicht nutzen. Wie herrlich ist es doch, wenn sie mit geblähten Segeln dahinrauscht, wenn ihre Schwingungen auf mich übergehen, wenn das Wasser, das an der Bordwand entlanggluckert, mit mir spricht und die schäumende Bugwelle noch weit hinter uns zu sehen ist!

Deshalb habe ich nicht übel Lust, einen Hafen aufzusuchen, um das Ersatzgroßsegel anzuschlagen. Im Norden der Halbinsel bietet der kleine Fjord Midlorfik, der durch die Insel Skalo gut abgeschirmt ist, einen ausgezeichneten Schutz. Ich habe mich schon oft gefragt, warum so wenig Seefahrer die Möglichkeiten der Seekarte nutzen, um angesichts einer unbekannten Küste schnell die günstigste Stelle für eine Landung zu finden. Aufmerksames Kartenstudium gäbe ihnen alle Werte an die Hand, ohne die Hilfe irgendeines anderen Instrumentes in Anspruch zu nehmen. Um zum Beispiel den Eingang in den Midlorfik-Fjord zu finden, zeigt die Karte an, daß es genügt, hart an der Südostküste der Insel Skalo entlang auf das Festland zuzuhalten. Gibt es etwas Einfacheres?

Auch sonst ist es gar nicht selten, daß man auf der Karte eine charakteristische Wassertiefe finden kann, nach der man sich richten kann.

Einige gestrandete Growler beweisen uns, daß mit der Öffnung des Fjords der Grund ansteigt. Jean-Louis überwacht das Echolot, während ich eine kleine Einbuchtung ansteuere, wo wir vor dem abdriftenden Eis geschützt sind. Die Meerestiefe nimmt weiter regelmäßig ab. Kein Hinweis auf die Sägezähne von Felsen.

„Zwölf Meter!"

„Ankern wir!"

Nach getaner Arbeit genehmigen wir uns eine mehrstündige Ruhepause, die ich ausdrücklich als „wohlverdient" bezeichnen möchte. Dann schlagen wir das neue Segel an und setzen für einen kleinen Ausflug aufs Festland das Beiboot ins Wasser. Das Vergnügen ist nur von kurzer Dauer, denn kaum haben wir einen Fuß auf das Ufer gesetzt, überfällt uns ein Mückenschwarm. Fliegen und Mücken sind die Plage der Arktis, sie greifen gleich in riesigen Schwärmen an. Nach einigen Fotos treten wir schleunigst den Rückzug zu unserem Boot an. Da ich wußte, daß die Mücken sich nicht weit aufs Wasser hinaustrauen, habe ich die *Williwaw* in gebührendem Abstand zur Küste geankert, und erst einmal an Bord, sind wir vor den geflügelten Horden sicher

Landgang in Upernavik und Kraulshavn

Am nächsten Morgen, es ist der 15. Juli, machen wir uns bei gutem Wetter unter Vollzeug wieder auf den Weg. Wenn ich auch nach Seemannsbrauch lieber auf dem offenen Meer als in Küstennähe segle, so wähle ich heute doch den landnahen Kurs, denn die Karte zeigt in der Zone von Upernavik keine Tiefenwerte an. Nur das Fahrwasser zwischen den Inseln ist gelotet, und in

Upernavik, der letzte Hafen für europäische Schiffe

dieses laufen wir nun ein. Die vielen Inseln und die schmalen Durchfahrten auf dieser Strecke wecken Erinnerungen an die Küste Patagoniens, wenn auch die Landschaft ganz anders ist. Vegetationslose Küste, Wasser, Eis und unzählige Gletscher: mehr gibt es hier nicht. Heute, am Freitag, kommen wir in Upernavik an. Die Sonne, die sich um diese Zeit jeden Tag ein wenig mehr nach Süden entfernt, scheint noch, trotz der späten Stunde. Um Mitternacht werden wir sie in der Breite von 72° 47 Nord und der Höhe von 4° 38 über dem Horizont sehen. Am 21. Juni, zur Zeit der Sommersonnenwende, hatte sie den höchsten Stand des Jahres erreicht. Dadurch, daß die Sonne nicht untergeht, kann der Navigator theoretisch zwei Mittagsbreiten in 24 Stunden nehmen: mittags, wenn die Sonne im Süden am höchsten steht und um Mitternacht, wenn sie an der tiefsten Stelle im Norden angelangt ist.

Upernavik ist eine kleine Eskimosiedlung von vielleicht fünfhundert Einwohnern, auf einem Hügel erbaut, der sich über einer kleinen Hafenbucht erhebt. Die buntgestrichenen Holzhäuser klettern stufenförmig den Hang hinauf, von wo eine Schotterstraße zu einem kleinen Landeplatz hinabführt. Ein paar Kettenanker und eine Reihe von Ladekähnen sind die ganze Hafeneinrichtung.

Am Kai sind die Fischerboote vertäut. Die meisten transportieren auch Lebensmittel und andere Konsumgüter in die Dörfer höher im Norden. Upernavik ist nämlich der letzte Hafen, der von Schiffen aus Europa angelaufen wird. Nur noch der Stützpunkt Thule wird im Sommer von Geleitzügen, denen Eisbrecher den Weg bahnen, mit Lebensmitteln versorgt. Da Waren von Upernavik nur unregelmäßig auf den Weg gebracht werden können, sind die Eskimos in dieser Gegend gezwungen, viel auf die Jagd zu gehen, um zu überleben.

Davis hatte während seiner dritten Reise im Jahre 1587 etwas südlich von Upernavik die Insel Qaersorssuag angesteuert, deren westliche Spitze er nach einem seiner Kameraden *Sandersons Hope* taufte. Es ist der nördlichste Punkt, den Davis in sein arktisches Tagebuch eintragen konnte, und man mußte bis zum Jahre 1616 warten, bis die sechste Expedition der *Discovery* über *Sandersons Hope* hinausstieß und den 78. Breitengrad erreichte, ein Rekord, der bis zum Jahre 1853 gehalten wurde. Obgleich der Kapitän der *Discovery* der Franzose Robert Bylot war, so war es doch der Engländer William Baffin, der diese schicksalhafte Fahrt beschrieb. So hat schließlich sein Name den Bylots überstrahlt. Auch für uns ist mit der Ankunft in Upernavik ein wichtiger Wendepunkt eingetreten. Bis jetzt handelte es sich nur um die „Anreise". Die ist nun zu Ende, und die wirklichen Schwierigkeiten kommen erst auf uns zu.

Amundsen, dem als erstem die Nordwest-Passage glückte, betrachtete die Durchquerung der Melville Bay als die größte Schwierigkeit der gesamten Strecke. Die riesige Melville Bay ist im Süden durch die Insel Holms und im Norden durch das Cape York begrenzt. Alle Schiffe, die in den Norden, in die Baffin Bay und in das Kane-Becken wollen, müssen sie durchfahren.

Die englischen Walfänger des 19. Jahrhunderts kreuzten bereits in diesen Gewässern, und von ihnen stammt auch der größte Teil der verfügbaren Informationen, zum Beispiel, daß sich eine bestimmte Wasserfläche, unter dem Namen *North Water* oder *Open Water* bekannt, schon früh in der Saison öffnet. Sie zieht sich nördlich des Cape York über die Baffin Bay bis zur Insel Bylot hin und im Süden vom Lancaster Sound in die kanadische Arktis hinein. Zahlreiche Schiffe sind hier gescheitert. Auch in unseren Tagen ist die Melville Bay noch sehr gefürchtet. Sie ist darum so schwierig, weil hier besonders kompaktes Eis anzutreffen ist. Die Gletscher am Rande der Bucht lassen unzählige Eisberge entstehen. Ihre genaue Zahl ist unbekannt, aber man weiß, daß die Gletscher in der Gegend der Insel Disko und im Süden der Halbinsel Swartenhuk Halvo jährlich bis zu 5 400 Eisberge „kalben". Diese werden mit der Strömung abgedriftet und stoßen zu den Eisbergen, die an der Küste der Melville Bay entstehen. So bilden sie eine gewaltige Konzentration von extrem hartem Süßwassereis, zu dem das Packeis hinzukommt, das durch Gefrieren des Meerwassers entsteht.

Ein Eisberg ist für jedes Schiff gefährlich. Dem 200 000 Tonnen schweren amerikanischen Eisbrecher-Tanker *Manhattan*, der für die Nordwest-Passage noch eine Spezialverstärkung erhalten hatte, wurde die Bordwand durch einen Eisberg aufgerissen, und nur dank seiner wasserdichten Schotten konnte er sich über Wasser halten. Das größte Risiko besteht aber zweifellos darin, im Eis gefangen und seinem Druck ausgesetzt zu sein.

Da ich genau weiß, das es mir an praktischer Erfahrung mangelt, werde ich doppelt vorsichtig sein müs-

Im Morgennebel verlassen wir Upernavik

sen. Mit diesem Vorsatz verlassen wir Upernavik. Der
letzte Eisbericht von gestern besagt, daß die Melville
Bay unpassierbar ist. Er läßt aber die Möglichkeit offen,
Kraulshavn, eine kleine Eskimosiedlung in einer südlichen Ausbuchtung der Insel Nûgssuaq, anzusteuern.
Unser Kurs sieht vor, daß wir bis zur Insel Tugtorqor-
toq (die Eskimosprache ist eine Zungenbrechersprache!) die landseitige Route wählen und dann in einer
möglichst geraden Linie Kraulshavn von außen her
ansteuern. Wir müssen auf dieser Strecke mehrere
Fjorde passieren, die mit Inlandeisgletschern verbunden sind, unter anderen den Upernavik-Isfjord, Gie-

seckes-Isfjord, und Ussings-Isfjord.

Der *Bernier* sind wir in Upernavik ein zweites Mal begegnet und haben die Bekanntschaft weiter vertiefen können. Vor allem die mit Marie-Eve, der ich beigebracht habe, wie man Brot backt. Da die *Bernier* noch auf bestimmte Ersatzteile wartet, die per Hubschrauber geschickt werden sollen, sind wir die ersten, die sich wieder auf den Weg machen. So kann ich ihnen per Funk von unseren Erfahrungen berichten und sie vor Schwierigkeiten warnen. Ich habe mein Versprechen nicht vergessen, ihnen, wo ich nur kann, behilflich zu sein!

Schön langsam akklimatisiert sich Jean-Louis an Bord. Als bedingungsloser Freund der Eskimos ergreift er bei jeder Gelegenheit ihre Partei. Und da er nur von denjenigen spricht, die er während archäologischer Aufenthalte in Pont Inlet, in der kanadischen Arktis, kennengelernt hat, können wir unseren Diskussionen die Schärfe nehmen, indem wir vorgeben, daß jeder von uns einen anderen Eskimo-Typ im Auge hat. Manchmal sind diese Ausflüchte etwas frustrierend, aber dann auch wieder ganz bequem, weil sie beiden Gesprächspartnern gestatten, sich in den abgesteckten Grenzen zu halten.

Außer dem Eskimo-Problem haben wir noch ein zweites kontroverses Thema auf Lager: die Jagd. Ich habe den Verdacht, daß Jean-Louis, ein leidenschaftlicher Jäger, dauernd mit den beiden Jagdgewehren liebäugelt, die zur Bootsausrüstung gehören. Ich für meinen Teil bin fest entschlossen, sie nie zu benützen. Immerhin habe ich aber meinem Gefährten zugestanden, daß er sie putzen darf. In meinen Augen verhindert er damit, daß sie Rost ansetzen; in seinen Augen sorgt er dafür, daß sie ständig einsatzbereit sind. So sind wir alle beide zufrieden.

Abgesehen von diesen „heißen" Themen sprechen wir auch oft über die Fahrt der *Belgica* und den berühmten Großvater, dessen Reisebericht Jean-Louis mir geschenkt hat. Die Unterhaltung über Adrien de Gerlache entspannt die Atmosphäre, die für meinen Geschmack im allgemeinen etwas lockerer sein dürfte. Wenn wir auf die Familie zu sprechen kommen, taut mein sonst so reservierter Kamerad ein wenig auf. Er hat bestechend gute Manieren und ist wohl ziemlich autoritär erzogen worden, weil er nie einmal von mir gefällte Entscheidungen diskutiert. Ich kann mich wirklich nicht über ihn beklagen. Trotzdem wünschte ich mir etwas mehr Wärme in unsere Beziehung. Leider bin ich angesichts der Gefahren unserer Reise und Jean-Louis' mangelnder nautischer Erfahrung gezwungen, harte Disziplin zu verlangen, die vor meinem Wunsch nach mehr Herzlichkeit und Wärme rangieren muß. Ich hoffe immer noch, daß unsere gemeinsame Arbeit uns einander näherbringt und vergesse nicht, daß wir uns erst seit vierzehn Tagen kennen.

Der magnetische Kompaß wird kaum noch vom Pol

angezogen, und das Navigieren wird nun erheblich komplizierter. Ich befinde mich auf der Geraden vom Hafen Upernavik in Richtung auf die Insel Nunarssuaq, peile die Insel Karrat an, deren Südwestspitze ich umrunden muß, und folge dabei strikt der nautischen Regel, daß man keine bekannte Position verlassen darf, bevor man nicht die nächste Landmarke ausgemacht hat. Ich beobachte eventuelle Veränderungen, um von Minute zu Minute eine genaue Vorstellung von der Ungenauigkeit des Kompasses zu haben und um für den Fall, daß die Sicht behindert ist, eine möglichst große Routine zu bekommen. Im Augenblick ist die Sonne nicht zu sehen, aber ich habe für die nächsten Stunden die Himmelsrichtung vorausberechnet, in der sie sich befinden wird, damit ich im Ernstfall einen Informationsvorsprung habe. Bei diesem schwierigen Navigieren ist es besser, zweifach vorzusorgen!

Es ist noch früh am Tag. Wir haben gegen 6 Uhr den Anker gelichtet, und die Sonne hat den dichten Vorhang der Schichtwolken, der den Himmel wie mit einem Muster bedeckt, noch nicht durchstoßen können. Von der Insel Karrat ab führt das Fahrwasser nach Norden zur Insel Nunarssuaq. Man kann es ab der Insel Angissok verfolgen, wenn man eine Linie von Upernavik zum äußersten Südwesten der Insel Karrat zieht, deren Verlängerung auf Nunarssuaq zielt. Nachdem wir noch einige unbedeutende Inselchen passiert haben, laufen wir in den Upernavik-Isfjord ein.

Dieser Fjord, drei bis fünf Meilen breit, führt zum Fuße des Upernavik-Gletschers, des produktivsten der ganzen Umgebung. Die zahlreichen Eisberge, die sich von ihm ablösen, können das offene Meer nicht erreichen, weil sie durch zahlreiche Inseln zurückgehalten werden. Aus diesem Grunde wird der Upernavik-Isfjord im allgemeinen erst Ende Juli eisfrei, und es ist reine Glückssache, daß wir ihn schon heute passieren können. Natürlich stoßen wir auf gewaltige Eisansammlungen, die uns zwingen, zwischen den Eisbergen hindurch einen Slalom zu legen, wenn wir überhaupt vorwärtskommen wollen. Da ich von allen Seiten so

Der Upernavik-Isfjord zwingt uns zum wahren Slalom

Das hohe Eis verdeckt den Horizont

hoch von Eis umgeben bin, daß der Horizont verdeckt
ist, verliere ich den höchsten Punkt der Insel Tugssak,
unsere nächste Landmarke, aus den Augen, und Jean-
Louis klettert auf den Mast, um ihn wieder aufzuspüren
und mich in die richtige Richtung zu lotsen. Ich navigiere einen Moment nach seinen Angaben, dann hüllt
uns der Nebel ein, und unsere Lage wird auf der Stelle
kritisch. Aber zum Glück hält der Nebel nicht lange an,
und mit dem höchsten Punkt von Tugssak finde ich
ohne weiteres den Norden wieder. Nachdem wir diese

Insel umrundet haben, segelt es sich auch wieder leichter.

Wir sichten einige Eskimohäuser. Vierzig von aller Welt isolierte Einwohner sitzen hier auf einem winzigen dunklen Fleck mitten in einem Meer aus Helligkeit...

Eine Zeitlang kommen wir zügig voran, doch dann gibt es eine neue Stockung zwischen den Inseln Augpilogtok und Quavdlunat. Eine magnetische Anomalie, die mir bei dieser Insel signalisiert wird, hätte zu Komplikationen führen können, weil die Höhe des Eises es nicht erlaubt, entferntere Landmarken zu nehmen. Aber in diesem Moment leuchtet die Sonne von einem wolkenlosen Himmel und geleitet uns in das chaotische Labyrinth aus Eis-Kathedralen und -Ruinen. Was für eine Landschaft! Welch wunderbare Nuancen in diesem nur scheinbar so gleichförmigen Weiß! Helle Wände, die in der Sonne leuchten, feuchte Spiegel, scharf abgegrenzte Schatten, die das Licht auflöst, das in roten, violetten und blauen Farben flimmert. Gott, ist das schön!

Langsam bahnen wir uns einen Weg, ohne schon den Ausgang aus dem Fjord zu überblicken. Werden wir durchkommen? Ein riesiger Eisberg versperrt uns den Weg. Ich muß einen weiten Bogen fahren, um ihn zu umgehen. Nach stundenlangen Anstrengungen peile ich endlich gegen 18 Uhr 30 die gesuchte Insel Quavdlunat an, und nun fahren wir die Insel Horse Head entlang in Richtung auf Kraulshavn.

Um Mitternacht stoßen wir nördlich von einer kastenbrotförmigen Insel wieder auf Eis. Kraulshavn versteckt sich vorläufig noch hinter dieser Insel. Es gelingt uns aber ohne Schwierigkeiten, in die Bucht einzufahren und dem Dorf gegenüber zu ankern. Die Leute bestaunen unsere Segelyacht. Wir aber sind übermüdet und legen uns augenblicklich schlafen. Im Traum sehe ich, wie das Inlandeis gläserne Tränen in ein weißes Taschentuch weint, das die Form einer Bucht mit den Initialen M wie Melville hat. Und damit wird der Traum zum Alptraum!

Vom Eis umklammert

Kraulshavn, ein kleiner, 1921 entstandener Ort, ist ein vorgeschobener Versorgungshafen für die Nomadenjäger im hohen Norden. Früher gab es in dieser Gegend viele Füchse, Polarbären, Seehunde und Wale. Inzwischen haben die Feuerwaffen und die europäische Nachfrage nach Fellen leider das alte Gleichgewicht zerstört, und die Pelztiere sind fast vollständig ausgerottet worden. Auch die Wale, die in unvorstellbaren Scharen in der Baffin Bay zusammengetrieben wurden, nachdem die Walfänger ihre Jagdgründe rund um Spitzbergen erschöpft hatten, sind zunehmend dezimiert worden. Kraulshavn hat heute etwa hundert Einwohner. Offensichtlich haben sie wenig Geld. Einige Eskimos besuchen uns in der Hoffnung, uns die eine oder andere Kleinigkeit verkaufen zu können. Jean-Louis interessiert sich für ein Bärengebiß und wird schon nach kurzer Diskussion handelseinig, ich erwerbe ein Paar gebrauchter Seehundschuhe.

Die *Bernier* hatte Schwierigkeiten mit ihrem Wendegetriebe, und Real, der Skipper, hat mich über Funk gebeten, auf ihn zu warten, damit wir gemeinsam die Querung der Melville-Bay wagen. Sie kommen heute abend hier an, und morgen früh können wir uns gemeinsam auf den Weg machen.

Wir schlafen bereits, als die *Bernier* in den Hafen einläuft, stehen aber schnell wieder auf, um sie in Empfang zu nehmen. Das Wendegetriebe macht ein merkwürdiges Geräusch, ein Zeichen dafür, daß innen etwas heißläuft. Real glaubt, daß der Ölwechsel verschlampt wurde. Er macht sich aber weiter keine Sorgen um die Fortsetzung der Reise, weil er noch ein Ersatzgerät an Bord hat. Als erfahrener Mechaniker biete ich ihm an, einmal nach dem Rechten zu schauen. Real glaubt jedoch, daß er im Moment keine Hilfe braucht.

Außer dem Skipper besteht die Besatzung der *J. E. Bernier II* aus Marie-Eve, Fotografin und zweiter Navigator, aus Jacques, dem Kameramann, Pierre, dem Ökologen, und Yves, einem Berufsmatrosen, der den Brückenoffizier macht. Alle sind sie um die Dreißig. Marie-Eve scheint die Jüngste zu sein, sie habe ich

besonders ins Herz geschlossen. Mit ihrem feinen
Gespür für menschliche Beziehungen ist sie das Binde-
glied zwischen Besatzung und Skipper. Auch Jacques,
Pierre und Yves sind mir sehr sympathisch, sie bilden
ein ausgesprochen gutes Team. Real ist schwieriger zu
beschreiben, und ich muß zugeben, daß ich mir über ihn
noch keine genaue Meinung bilden konnte. Wenn es
stimmt, daß die Persönlichkeit des Skippers den Geist
eines Schiffes prägt, so entdeckte ich an Real weniger
Härte und Durchsetzungskraft, als ich sie habe. Es ist

Das offene Wasser ermöglicht gute Fahrt

aber sicher noch zu früh, sich ein abschließendes Urteil zu bilden. Eines jedoch steht schon jetzt fest: wir beide vertreten sehr unterschiedliche Meinungen.

Wie verabredet stechen wir am nächsten Morgen in See und segeln zuerst zwischen den Eisbergen. Dann kommen wir in offenes Wasser und können mit der automatischen Steuerung weiter Strecke machen. Die magnetische Abweichung beträgt 65° West, und die Wettervorhersage lautet: Wind aus Nord, Stärke 3, Barometerstand 1013 Millibar, fallend, wolkig, Regenschauer, Temperatur 5° Celsius, gute Sicht.

Im Laufe des Nachmittags peile ich Djavelens Tommelfinger an, eine auffällige Landmarke querab. Der Sextantenwinkel gibt unsere Position mit 22 Meilen westlich seines Scheitelpunktes an. Das heißt mit anderen Worten: wir haben die Melville-Bay erreicht. Die Würfel sind gefallen!

Die *Bernier* folgt uns in weitem Abstand, und von Zeit zu Zeit verlangsamen wir die Fahrt, damit sie uns nicht aus den Augen verliert. Um Mitternacht stoßen wir bei 74° 56 Nord und 60° 05 West auf ein erstes ernsthaftes Hindernis, eine unüberwindbare, geschlossene Eisbank. Ich entschließe mich, sie zu umfahren, und halte mich näher an die Küste, damit ich mir ein Urteil bilden kann, welche Bedingungen weiter innen herrschen. Wenn man das „Nautische Handbuch" zu Rate zieht, ist die beste Route die zwischen dem Küsteneis und den Eisbänken in der Mitte. Dieser Kurs ist aber schwierig zu bestimmen, und um sicher zu sein, daß wir wirklich schon im Küsteneis sind, müssen wir dem Festland so nahe wie möglich kommen. Die Eissubstanz, die sich aus Packeis und Eisbergen zusammensetzt, wird zunehmend dichter, und bald ist es unmöglich, einfach geradeaus zu fahren.

Die größte Sperre besteht aus zusammengeschobenen Eismauern, wahren Auftürmungen, die die Wasserfläche wie gewaltige Kaimauern absperren. Meine Strategie ist, in eines dieser Becken irgendwie hineinzukommen, zu versuchen, es in bestmöglicher Richtung zu queren, wieder hinauszufahren, in das nächste Bassin und fortlaufend so weiter von Becken zu Becken. Oft findet man nicht den richtigen Ausgang; dann beginnt eine ruhelose Sucherei; rückwärts fahren, sich wie ein Eisbrecher den Weg bahnen, sich eiligst dahin zurückretten, wo man gerade eingedrungen ist, wenn die Öffnung überhaupt noch da ist, denn das Packeis ist in ständiger Bewegung! Überall, wo das Tauwetter noch nicht am Werke ist, treffen wir auf große, undurchdringliche, festgemauerte Eisflächen.

Am Morgen des 25. Juli, als wir seit 24 Stunden in der Bucht herumfahren, scheint die *Bernier* nicht mehr weiterzukommen. Wir sind das ewige Warten leid, fahren zurück und erfahren, daß das Wendegetriebe endgültig kaputt, ja buchstäblich explodiert ist und nun in größter Eile ersetzt werden muß. Jacques und Yves wollen sich an die Arbeit machen, und ich schlage vor, die *Bernier* ins Schlepptau zu nehmen. Doch das Selbstbewußtsein des Skippers scheint es nicht zu ertragen, daß sein Schiff von der *Williwaw* abgeschleppt wird. Aber er hat keine andere Wahl. Ich habe nicht die Absicht, hier Wurzeln zu schlagen, und ohne eigene Antriebskraft ist Reals Schiff in wirklicher Gefahr. Also nehmen wir es für die Zeit der Reparatur an die Leine und ermuntern Real, doch einmal einen Blick auf die Gebrauchsanweisung für den Einbau zu werfen.

Mit der *Bernier* im Schlepp fahre ich in Zickzacklinien so geschickt wie möglich zwischen den vereinzelten Eisschollen aus Meereseis, die nicht zum Küsteneis gehören, hindurch. Ich mache ganz gute Fahrt, und abends, als die kanadischen Freunde mir signalisieren, die Reparatur sei nun beendet, haben wir keine Zeit verloren. Als ich gerade die Schleppleine gelöst habe, liege ich vor zwei geschlossenen Packeisflächen, die sich weiter vorn vereinigen und einen breiten Trichter bilden, der nach meinem Dafürhalten ohne Ausgang ist, Als ich stoppe, um die Lage besser einschätzen zu können, sehe ich, wie die *Bernier* mich überholt, geradewegs in den Trichter hineinfährt. Ich rufe Jean-Louis zu: „Real wird sich wohl nicht einbilden, daß wir ihm da hinein folgen! Er hat keine Ahnung, wie riskant das ist!" Als Real sieht, daß wir zögern, kommt er zurück und erklärt, er sei entschlossen, in das Eis einzudringen und sich einen Weg zu bahnen. Nicht umsonst habe er schließlich seinen Vorsteven verstärken lassen.

Ich mache ihm deutlich, daß ich auf eigene Rechnung unterwegs bin und keine Lust habe, mein Schiff zu verlieren, ja nicht einmal daran denke, den Lackanstrich bei einem so aussichtslosen Abenteuer zerkratzen zu lassen. Real darauf sarkastisch, es sei ihm schnuppe, ob er ein bißchen Farbe einbüße. Nach einigem Hin und Her steuert er wirklich in das Packeis hinein, und ich begehe den Fehler, ihm zu folgen. Als das offene Wasser zu Ende ist, kommt die *Bernier* nicht mehr von der Stelle, sie bäumt sich auf und weicht nach rückwärts

Wir folgen der „Bernier" ins Packeis

Die „Bernier" und die „Williwaw" machen Seite an Seite fest

aus. Wir drehen um und fahren ein Stück zurück. Jean-Louis und ich sind seit fast 36 Stunden auf den Beinen und finden, daß es Zeit zum Ausruhen sei. Die *Bernier* wirft zwei Haken auf das Eis aus, und wir machen Seite an Seite fest. Wir haben heute den 25. Juli, es ist genau 20 Uhr.

Kaum habe ich die Augen geschlossen, als ich durch ein fremdes Geräusch geweckt werde, das ich zuerst gar nicht einordnen kann: eine Art sanftes Knirschen, gefolgt von plötzlichem Vibrieren. Nun geht mir ein Licht auf! In drei Schritten bin ich an Deck, um mit

Schrecken zu entdecken, daß das offene Wasser verschwunden ist und wir im Eis festsitzen. Beide Boote sind dicht aneinander gepreßt, und der Druck wächst von Minute zu Minute.

„Verdammt, das hat gerade gefehlt!"

Ich wecke Jean-Louis und die Besatzung der *Bernier*. Da ist nicht mehr viel zu machen, leider – es ist schon zu spät. Wir überlegen uns, wie jeder seinen Schiffsrumpf vor dem des anderen schützen kann. Zum Glück stoßen die beiden Masten nicht aneinander und lassen das Rigg frei.

Ich mache mir Vorwürfe, Real gefolgt zu sein, und weiß, daß es mein Fehler und nicht der seine war. Ich kannte schließlich die Gefahr: keine Macht der Welt hätte mich in diese Eisschollen hineinbringen sollen! Nach ungefähr zwei Stunden – es ist jetzt 1 Uhr 26 – geschieht das Wunder, daß der Druck ein wenig nachläßt und die *Bernier* eine Bootslänge zurückfahren kann, um sich hinter die *Williwaw* zu legen.

Es hat sich eine kleine Rinne gebildet, die in ein 20 mal 20 Meter breites Becken mündet, und von da ab bleiben noch 200 Meter Eis, bevor man das offene Meer sieht. Wir zwängen uns in das kleine Becken hinein, Real überholt mich und versucht noch einmal, sich einen Weg zu bahnen. Aber mit ihren elf Tonnen Wasserverdrängung hat die *Bernier* nicht genügend Gewicht und kratzt das Eis nur oberflächlich an. Was aber noch schlimmer ist: nach einigen Versuchen ist der

Rückwärtsgang wieder defekt, so daß das neue Wendegetriebe bereits wieder schwer in Mitleidenschaft gezogen ist.

Ich sitze in der Klemme und muß wieder raus, auch auf die Gefahr hin, etwas Farbe einzubüßen! Nun nehme ich den Kampf mit dem Eis auf, indem ich möglichst rechtwinklig und mit voller Kraft vorpresche. Die *Williwaw* gleitet über das Eis, das – o Wunder – unter ihrem Gewicht nachgibt. Der erste Angriffspunkt wäre gefunden.

Wir arbeiten die ganze Nacht hindurch, und am späten Morgen haben wir die beste Angriffstechnik gefunden: mit der Yacht zurücksetzen, damit man genügend Schwung hat, dann losschießen. Die Yacht klettert über das Eis und zerbricht es unter ihrem Gewicht. Um den nächsten Anlauf nicht zu hemmen, schiebt man die Eisstücke, die sehr schwer sein können, mittels eines Bootshakens hinter sich zurück, damit sie abgleiten können. Während eines dieser Manöver klinkt sich der straff gespannte Bootshaken aus, das elastische Nylonseil schlägt mit voller Wucht auf der Reling der *Williwaw* auf und trifft Jean-Louis am Arm. Zum Glück stand er genügend weit in Deckung, so daß er dem schlimmsten Anprall entging. Dieser Zwischenfall läßt uns noch vorsichtiger werden. Jetzt passen wir höllisch auf, daß der Haken gut festsitzt und gehen in Abwehrstellung, sobald wir zu ziehen beginnen.

Jean-Louis und ich arbeiten als erste, während

Jacques Petitgrew uns dabei filmt. Wir einigen uns auf unser weiteres Vorgehen: Jacques hilft entweder mit oder filmt auf Rechnung beider Expeditionen, denn ich selbst bin am Steuer der *Williwaw* unabkömmlich und möchte gerade diese Szene in meinem eigenen Film nicht missen. Dieses Abkommen handeln wir nur mit der Besatzung aus, nachdem Real es aus unerfindlichen Gründen vorgezogen hat, schlafen zu gehen!

Als nur noch 50 Meter aufzubrechen sind, verengt sich die Fahrrinne immer mehr, und von nun an ist jede Hand nötig, um das Brucheis nach hinten zu schieben. Ich dränge die andern, Real zu wecken, aber er hat anscheinend strikte Anweisung gegeben, ihn nicht zu stören. So verlieren wir kostbare Zeit; man kann zusehen, wie die Rinne schmaler und schmaler wird. 40 Meter vor der Freiheit ist es dann aus, wir schaffen es nicht mehr ins offene Wasser. Jetzt bleibt uns nicht anderes übrig, als die Yacht in ihrem noch verbleibenden Freiraum mit den Schiffshaken zu befestigen.

Ich stehe neben der *Williwaw* auf dem Eis, als die Dame in Weiß meine Yacht unerbittlich zu umarmen beginnt. Ich sehe das Treibeis unbarmherzig auf mich zukommen, sich vor und hinter meiner Yacht steil auftürmen, ich höre das charakteristische Knistern und Vibrieren. Die Eisscholle, die auf mich zutreibt, dürfte an die 70 cm dick sein. Meine Yacht wird einen wahnsinnigen Druck aushalten müssen. Technisch gesehen, ist sie diesem Druck überhaupt nicht gewachsen; ich sehe schon das Ende meiner braven *Williwaw*, durchbohrt von diesem Rammbock aus blankem Eis.

Ich bin bitter enttäuscht, gleich bei der ersten selbstverschuldeten Schwierigkeit alles zu verlieren, was ich gegenwärtig besitze, meine Vergangenheit zu zerstören, meine Zukunft zu belasten. Welch ein Gefühl, das Scheitern vor Augen, das Selbstvertrauen gebrochen . . . Da stößt das Eis an den Schiffsrumpf. Ich höre das abscheuliche Knirschen, eine Art feiner Schnee wird durch den Druck nach außen geschleudert und verklebt die Berührungsstelle. Das Knirschen wird immer stärker, und ich fühle körperlich die unsagbare Gewalt des Eises. Dann plötzlich kracht der gewaltige Eisbrocken wie mit einem Donnerschlag auseinander, und da der Druck sich nun auf eine größere Fläche verteilt, richtet sich mein Schiff auf, wird von der Schubkraft regelrecht emporgetragen. Wir haben heute den 26. Juli 1977. Seit 48 Stunden bin ich ohne Schlaf, und da ich nun nichts mehr zu unserer Befreiung tun kann, will ich mich hinlegen. An Bord der *Bernier* schlafen sie alle, und auch Jean-Louis, der geschuftet hat wie kein zweiter, hat sich zur Ruhe gelegt. Real habe ich seit der letzten Nacht nicht zu Gesicht bekommen.

Während wir das Eis aus dem Wege räumten, hatten Yves und Jacques sehr offen mit mir gesprochen: „Willy, fahr los, wenn wir erst wieder frei sind! Bleib nicht bei uns, warte nicht auf die *Bernier*, du bekommst nichts als Scherereien. "

Ich sah nicht recht ein, wieso mir die *Bernier* Ärger machen sollte. Und da ich in Zukunft in keine Unvorsichtigkeit mehr hineinschlittern würde, erwiderte ich spontan, daß ich sie jetzt nicht im Packeis sitzenließe. Im Gegensatz zu ihnen sei ich nämlich der Meinung, sie seien in akuter Gefahr.

Deshalb sehe ich es als meine Pflicht an, bei ihnen zu bleiben, bis sie in Sicherheit sind.

„Du wirst es noch bereuen, Willy ... Hau ab und kümmere dich nicht mehr um uns!" Dieser Satz verfolgte mich noch bis in den Schlaf.

Ich war nur für kurze Zeit eingeschlafen. Da ich zweifellos von allen der Erfahrenste bin – ich sage das ohne Angeberei –, trage ich auch die größte Verantwortung für das, was auf uns zukommt. Also stehe ich auf und messe das Eis ab. Der Druck hat sich verringert, und vor der Yacht hat sich eine 30 cm breite Spalte geöffnet. Ich beobachte sie eine Weile, ohne die geringste Veränderung festzustellen. Todmüde lege ich mich wieder in meine Koje.

Bewährungsprobe in der Melville Bay

Lautes Rufen weckt mich: „Willy, die Rinne hat sich geöffnet! Wir sind frei!" Es ist 15 Uhr. Gegen 16 Uhr 30 sind wir vollends befreit und drehen bei, um ein wenig

zu schlafen. Ein Mann von der *Bernier* weckt uns um
19 Uhr: ein Eisberg ist im Anzug! Schnell brechen wir
auf. Wieder beschert uns das Packeis die schon bekann-
ten Torturen: wir müssen schon nach kurzer Zeit
wieder eine Fahrrinne aufbrechen. Aufs neue beginnt
die Plackerei mit den Bootshaken. Das Eis ist nicht ganz
so dick wie gestern, mißt aber immerhin 60 cm. Mühsam kommen wir weiter; glücklicherweise sind diesmal
nur 100 Meter zu öffnen.

Um 22 Uhr hat die *Williwaw* sich durchgearbeitet.
Die *Bernier* folgt uns in der Fahrrinne, die wir für sie
geöffnet haben, muß aber trotzdem ununterbrochen
dicke Eisbrocken beiseite schieben. Kurz nach 23 Uhr
sind wir frei und fahren bis um 1 Uhr in der Frühe des
27. Juli weiter. Dann suche ich mir die äußerste Spitze
einer Scholle aus, um daran festzumachen. Als die
Bernier uns erreicht hat, kommen wir Seite an Seite zu
liegen.

Ich habe ein großes Schlafdefizit. Vor 60 Stunden
haben wir Kraulshavn verlassen, und Jean-Louis und
ich sind seitdem kaum zur Ruhe gekommen. Hoffen
wir das beste für die nächsten Stunden. Damit wir Zeit
gewinnen, hat Marie-Eve uns eine Tasse heiße Suppe
aufgehoben, und ich lege mich mit einem Gefühl des
Wohlbehagens in meine Koje.

Wie gewöhnlich lasse ich die Erlebnisse der letzten
Tage an mir vorbeiziehen. Die Fehlentscheidung, die
dazu führte, daß wir im Eis festsaßen, hatte nicht nur

negative Seiten. Im Gegenteil: ich habe viel daraus gelernt, vor allem, die Unterschiede zwischen den verschiedenen Eisarten besser einzuschätzen. Das Fahren in einjährigem Eis, das sich in einem einzigen Winter bildet, hat mit dem Fahren in mehrjährigem Eis, das nicht nur dicker, sondern unvergleichlich härter ist, wenig zu tun. Die gesteigerte Härte kommt daher, daß das Eis aus dem Meer dessen Salzhaltigkeit in sich aufnimmt. Ist nämlich das Salzwasser der Kälte ausgesetzt, so zerbricht die Homogenität seiner Mischung aus Wasser und Salz, weil die eine Komponente dem Frost besser widersteht als die andere. Die salzgesättigteren Wasserteilchen sinken aufgrund der Schwerkraft unter die gefrierende Oberfläche. Die Briten drücken das so aus: „Einjähriges Eis eignet sich nicht zum Kochen, während das zweijährige gut zum Würzen der Speisen ist. Aber um Tee zuzubereiten, braucht man dreijähriges Eis." Mit anderen Worten: nach dieser Zeit hat das Eis den Charakter von Süßwasser und ist leicht an der blauen Färbung zu erkennen. Je langsamer der Gefriervorgang abläuft, desto weniger Salz enthält das Eis. Darum ist die Außenschicht einer Eisfläche salziger als die inneren Schichten, weil als Folge der isolierenden Wirkung des Eises das Gefrieren an der Oberfläche schneller einsetzt. In der Melville Bay waren wir bisher vor allem durch einjähriges Packeis von 60 bis 90 cm Dicke blockiert worden.

Die Erfahrung der letzten Stunden hat mich auch

gelehrt, die enorme Schubkraft des Eises richtig einzuschätzen. Denn nichts erscheint dem Neuling harmloser als junges Packeis. Die Tatsache, daß ein großer Teil seines Volumens unter Wasser liegt und darum unsichtbar ist, gibt ihm ein unschuldiges Aussehen, das durch sein makelloses Weiß und seine waagrecht verlaufenden Linien noch verstärkt wird. So gesehen, scheint das Packeis unbeweglich zu schlafen – aber das ist eine Täuschung! Umschwärmen einen erst einmal seine Schollen, dann wacht es auf, dann wird es launisch, unberechenbar, fürchterlich. Der Spielraum, den man noch zu haben glaubt, wird klein und kleiner, wird einem schließlich ganz genommen, und dann heißt es nur noch: Rette sich, wer kann!

Nie werde ich diese erste Begegnung mit dem Packeis vergessen! Daß der Rumpf meiner braven Yacht dem Druck des Eises und seinem Aufprall standgehalten hat, bedeutet eine große Genugtuung für mich. Die Verstärkung des Vorstevens aus rostfreiem Stahl hat Wunder gewirkt. Diese Anschaffung hat sich mehr als bezahlt gemacht. Ohne Jean-Louis' Hilfe hätte ich mich sehr schwer getan. Im Packeis steuert man die ganze Zeit auf Sicht, und zwei Arme und zwei Augen zusätzlich sind eine große Erleichterung. Noch eine letzte Genugtuung: Als der Druck des Eises das erste Mal gewichen war und die *Bernier* sich von der *Williwaw* lösen konnte, hatte meine Yacht in Reals Schiffsrumpf eine Delle hinterlassen. Meine Yacht war also die solidere von beiden, was ich mit großer Zufriedenheit registrierte! Alles im Leben ist relativ, auch das Pech. Und manchmal sind es Kleinigkeiten, die einen trösten.

Aber vielleicht träume ich schon. Ich bin unsäglich müde. Es muß gegen 6 Uhr sein, als ich aufwache. Ich habe geschlafen wie ein Murmeltier. Als ich durch das Bullauge sehe, fällt mein Blick auf die Boje meines Nachbarn. Ihre schwarze Farbe mit dem gelb aufgemalten Namen *Bernier* sticht von einem blendend weißen Hintergrund ab. Sollte es möglich sein? Ja, tatsächlich

Schon wieder im Packeis gefangen!

wir sind schon wieder gefangen! Glücklicherweise haben wir ganz dicht am Kopf der Scholle festgemacht, und wenn wir uns beeilen, können wir uns vielleicht befreien. Ich trommle die Leute von der *Bernier* zusammen und rufe ihnen zu: „Beeilt euch, Freunde!" Die Leinen werden gelöst, und es gelingt mir, die *Williwaw* von der Stelle zu bewegen. Nur ein kleiner Isthmus am Rande unserer Scholle hält uns noch zurück – ein heftiger Schlag, und die Passage ist frei. Es ist der 27. Juli, 8 Uhr morgens, als wir glücklich wieder freie Fahrt haben. Der Himmel ist stark bewölkt, und ein feiner Sprühregen durchtränkt die Luft mit einer naßkalten, unangenehmen Feuchtigkeit. Das Barometer fällt langsam, die Temperatur beträgt 3°. Unser Mißgeschick von vorhin wäre im Grund gar nicht nötig gewesen, aber ich war davon ausgegangen, daß die *Bernier* bei fünf Mann Besatzung eine ständige Nachtwache habe. Ich nehme mir vor, nicht zu fest auf diese jungen Leute zu rechnen. Meine kanadischen Freunde scheinen keine Ahnung davon zu haben, was einem im Packeis alles zustoßen kann.

Wieder sind wir sofort von gewaltigen Eisfeldern umgeben, und bisweilen sieht das Packeis unüberwindbar aus. Doch wenn wir uns möglichst nahe am Rand halten, finden wir immer noch eine Spalte, auf die wir uns einigen können. Auch am frühen Nachmittag schleusen wir uns wieder in eine dieser kleinen Rinnen ein. Genau in dem Augenblick, als wir sie durchfahren wollen, schließt sie sich abrupt. Eingeklemmt zwischen zwei Packeisbrocken, die eine unwahrscheinliche Geschwindigkeit entwickeln, erleben wir, wie alles um uns herum in Bewegung ist, unvorhersehbar, unbegreiflich. Eine Öffnung bildet sich, mal rechts, mal links: das Steuer umgelegt – und sie ist verschwunden. Da, eine breite Wasserrinne genau vor uns, zuerst geradlinig verlaufend, dann sich in Schlangenlinien auflösend, sich schließend, sich wieder öffnend, und am Ende wie in Luft aufgelöst...

Allein unserer schnellen Reaktion verdanken wir es, daß wir aus diesem Hexenkessel ungeschoren herausgekommen sind. Als sich dicht vor uns die letzte Öffnung geschlossen hat, will ich gerade umkehren, um der *Bernier* herauszuhelfen, da hat sie eine neue Spalte gefunden und ist schon im offenen Wasser.

Geschafft! Es wurde höchste Zeit, das Navigieren wurde ganz schön heikel. Welche Erleichterung, daß wir diesen Alptraum los sind! Der Himmel ist völlig bezogen, es ist unmöglich, irgendeinen astronomischen Punkt auszumachen. So nimmt die Ungenauigkeit meiner Navigation, die nur nach Augenmaß erfolgt, beängstigende Ausmaße an. Ich versuche, unsere Position durch eine Serie von Lotungen zu bestimmen, und messe alle 2 Meilen die Meerestiefe: 150, 140, 160, 180 Meter. Ich habe mir den Kurs notiert, und beim nächsten Halt werde ich die Karte zu Rate ziehen.

Um 15 Uhr zwingt uns der Nebel auf einer völlig

ruhigen See zu stoppen, wir machen Seite an Seite fest. Wir verabreden, falls alles so bleibt, um Mitternacht weiterzufahren. Es bleiben also zehn Stunden Zeit zum Essen und Schlafen.

Die *Bernier* versucht ihren Rückwärtsgang wieder flottzubekommen, macht ein falsches Manöver, erwischt wahrscheinlich gleichzeitig Vorwärts- und Rückwärtsgang – und das traurige Ende vom Lied ist, daß ihr Wendegetriebe endgültig den Geist aufgibt. Eine ganz schlimme Sache! Obwohl Jaques und Yves als Mechaniker angeheuert worden sind, haben sie nichts als ihren guten Willen im technischen Gepäck, und das genügt leider nicht, um ein Wendegetriebe wieder zum Leben zu erwecken. Meine Hilfe scheint nun gefragt zu sein, und wir kommen überein, daß sie, während ich ein wenig schlafe, das Getriebe ausbauen und daß wir anschließend gemeinsam versuchen wollen, aus den zwei defekten Getrieben ein drittes zusammenzubauen. Zu unserm Glück stellt sich heraus, daß das technisch machbar ist. Zwar funktioniert an dem neuen Apparat nur der Vorwärtsgang, aber das ist besser als gar nichts, und wenigstens für den Moment ist das Problem wohl gelöst. Leider nur für den Moment, denn nach kurzer Prüfung kenne ich die Ursache für die beiden Pannen: der Motor der *Bernier* ist auf Gummiblöcken montiert, darum beweglich, und ohne flexible Antriebswelle durch das dazwischenliegende Wendegetriebe starr mit der Schiffsschraube verbunden. Solches Flickwerk kann nicht normal funktionieren. Ich mache meinen beiden Freunden klar, daß auch dieses Wendegetriebe nicht länger als die anderen halten wird und daß schlimmstenfalls sogar die Schiffsschraube infolge von Spannungsrissen brechen kann.

Am 28. Juli um die Mittagszeit ist alles wieder eingebaut, wir sind zum Aufbruch bereit. Ich möchte Real darauf hinweisen, welches Risiko er eingeht, wenn die Antriebswelle wirklich bricht: es könnte leicht ein Leck geschlagen werden! Und ob man nicht vorsorglich mit einem Holzpfropfen den Wellendurchlaß am Heck verstopfen sollte... Schade, daß ich nicht schon in Upernavik die Ursache der Panne herausbekommen habe, wo es ein leichtes gewesen wäre, die Gummiblöcke des Motorfundaments durch festere Blöcke zu ersetzen. Ich glaube allmählich, daß es Real an Selbstvertrauen mangelt, daß er fürchtet, für unfähig gehalten zu werden. Warum hätte er sich sonst schlafen gelegt, während wir im Eis gefangen waren? Und warum schläft er auch jetzt, wo es sich entscheidet, ob sie weiterkommen werden oder nicht?

Wie schade, daß unsere Beziehungen in die Sackgasse geraten sind! Auch ich bin sicher nicht vollkommen. Es gibt genügend Dinge, von denen ich keine Ahnung habe, und von manchen Dingen weiß Real vielleicht mehr als ich. Daß er von Mechanik nichts versteht, ist kein Manko. Aber es stört mich, daß mancher Mensch es nicht ertragen kann, für unvollkommen zu gelten.

Man verbirgt seine Unzulänglichkeit, und das führt zu Fehlentscheidungen. Auf jeden Fall habe ich auf technischem Gebiet langjährige Erfahrung und hätte meinen Freunden zweifellos einigen Ärger ersparen können. Real jedenfalls bestreitet alles, was ich ihm über den Zustand seiner Yacht sage. Ich versuche es mit Diplomatie. Ich rede so taktvoll wie möglich auf ihn ein, denn in dem Augenblick, wo die Antriebswelle bricht und aus dem Heckrohr herausgleitet, sind er und seine Leute in Lebensgefahr. Wie gerne würde ich ihn überzeugen!

Durch die Arbeiten auf der *Bernier* habe ich wieder einmal zu wenig geschlafen – genau zweieinhalb Stunden –, es wird Zeit, daß ich mich wieder auf einen langsameren Rhythmus einstelle. In 96 Stunden habe ich ungefähr 8 Stunden geschlafen, und erste Symptome von Schlafentzug, wie heftige Wadenkrämpfe, zeigen mir, daß ich am Ende meiner Kräfte bin.

Real hat mich gebeten, Jacques zu mir an Bord zu nehmen, damit er die *Bernier* im Eis filmen könne. Das habe ich gern getan – vielleicht kann er Jean-Louis etwas zur Hand gehen, während ich mich ausruhe. Nachmittags kommt Jacques zu uns an Bord, und wir brechen an diesem 28. Juli um 16 Uhr 16 auf.

Im Laufe des Vormittags kann ich meinen geschätzten Standort endlich genau bestimmen. Wir befinden uns 60 Meilen von Cape York entfernt. Wir sind jetzt entschieden weiter westlich, und ich habe den Eindruck, daß die Eisverhältnisse sich verbessern. Real, der in ständigem Funkkontakt mit kanadischen Eisbrechern steht, empfängt häufig Positionsangaben über die Packeisgrenze. Diese Meldungen entsprechen den wirklichen Bedingungen jedoch kaum, und Real macht mich darauf aufmerksam, daß sich da, wo wir offenes Wasser antreffen, eigentlich eine unüberbrückbare Eisbank ausdehnen müßte. Höchstwahrscheinlich hinken diese Daten ein wenig hinter der Realität her, weil sich wegen der Eisbewegungen in wenigen Tagen alles total verändern kann.

Der Abend – ich sage Abend, obschon jetzt um 20 Uhr noch heller Tag ist – brachte besonders günstige Bedingungen. Ich habe einige Stunden gut geschlafen, und genau um 1 Uhr morgens umrunden wir Cape York. Im Cockpit einer kleinen Segelyacht stoßen drei Männer mit ihren Gläsern darauf an: die Melville Bay ist geschafft! Amundsen, unser berühmter Vorgänger, hatte das Kap am 13. August hinter sich gebracht. Wir sind also gut vierzehn Tage vor ihm an der gleichen Stelle, und das ist ein gutes Omen. Der Champagner fließt, und es fällt mir schwer, in Worte zu fassen, was ich empfinde.

Das Kap, dunkelblau schimmernd, mit abgerundeten Bergkuppen, wird von einer verschneiten Steilküste gesäumt und erhebt sich 450 Meter über dem Meer. Nichts daran ist besonders bemerkenswert, außer den dunklen steilen Wänden, die aus dem Grunde der Bucht hinaufsteigen, und die kleine Granitsäule, die zur Erinnerung an Peary errichtet wurde.

Für uns jedoch ist es das Ende einer Reise-Etappe, deren wechselnde Gefahrenmomente sich in unsere Erinnerung tief eingegraben haben. Während wir anstoßen, wechseln wir nur einige belanglose Worte, aber das Bild meiner beiden Gefährten prägt sich mir für immer ein.

Mißstimmung auf der ganzen Linie

Die Umrundung von Cape York hat gut geklappt, bringt uns aber keine Verschnaufpause – schon bald sehen wir uns neuen Schwierigkeiten gegenüber. Die Wetteraussichten sind heute morgen nicht berückend, es ist empfindlich kalt. Null Grad zeigt das Thermometer. Der Ostwind bläst mit Stärke 4 bis 5 und treibt feuchte Luft vor sich her, die uns erstarren läßt. Das Barometer zeigt konstant 995 Millibar, es herrscht also relativ tiefer Druck.

Gegen 4 Uhr 30 kommen wir in eine Nebelwand, die das Packeis hinter sich verbirgt, das schon auf uns lauert. Diesmal ist die *Bernier* vorn, denn Real möchte natürlich, daß sein Schiff in dieser Position gefilmt wird. Meiner Ansicht nach hält er sich zu weit westlich, das Eis wird immer kompakter. Ich befürchte, daß wir im mittleren Eis eingeschlossen werden, und bestehe darauf, daß wir mehr in den Norden vorstoßen. Real dagegen, der sich auf die Berichte der Eisbrecher stützt, glaubt, daß die Eisbank bereits auf unserer Breite durchlässig ist, und so bleiben wir weiter auf Westkurs. Ich für mein Teil bin entschlossen, keinerlei zusätzliches Risiko auf mich zu nehmen, und mittags treffe ich die *Bernier* wieder, die von der völlig geschlossenen Eisbank gestoppt worden ist.

Yves steht am Ruder – Real hat sich gerade einmal wieder schlafen gelegt. Ich fordere ihn auf zu wenden, und wir fahren wieder hinaus. Meine Strategie sieht folgendermaßen aus: Wir halten uns so lange wie möglich nördlich, und wenn sich das erste Hindernis in den Weg stellt, drehen wir nach Osten ab. Dann behalten wir diesen Kurs so lange bei, bis wir die obere Grenze der Eisbank erreicht haben, die die Davis-Straße und die Baffin-Bay in ihrem Zentrum blockiert. Danach aber sollten wir uns konsequent westlich halten.

Die *Bernier* fährt direkt hinter uns her. Es ist gar nicht so leicht, wieder aus der Falle herauszukommen. Aber dann wird es zunehmend einfacher, die nördliche Richtung zu halten. Ab 16 Uhr läuft alles nach Wunsch. Gegen 17 Uhr 30 glaube ich vor mir die Umrisse eines Schiffes zu sehen. Es navigiert in Zickzackkurven durch das Packeis, und es ist schwer festzustellen, woher es kommt und wohin es will. Nach einiger Zeit scheint es auf Südkurs zu gehen, und wir kommen einander immer näher. Ich rufe es über Funk, bekomme aber

ABENTEUER-REPORT
für alle, die Fernweh haben

ABENTEUER-REPORT

RICK BERG
**Viel Welt
für wenig Geld**
Der Reiseführer ins Abenteuer

**Abenteuer-Report
ist lesen,
als wär' man
dabeigewesen.**

HEINZ ROX-SCHULZ

Der Ruf des Condor

Ein Mann allein durch Südamerika

**Heinz Rox-Schulz
Der Ruf des Condor – ein Mann allein durch Südamerika.**
255 Seiten,
58 s/w Fotos,
2 Karten,
Best.-Nr. 291,
DM 7,95
5 Jahre bereiste der Autor, der „König der Globetrotter", diesen Kontinent von Süd nach Nord, von Feuerland bis zur Karibik. Zu Fuß und mit dem Pferd, mit Faltboot und VW-Bus drang er in menschenleeres Hochland und in unberührten Dschungel vor.

HELMUT HERMANN

Von Thailand nach Tahiti

Ein Globetrotter auf dem Weg zur Südsee

**Helmut Hermann
Von Thailand nach Tahiti – ein Globetrotter auf dem Weg zur Südsee.**
235 Seiten,
85 s/w Fotos,
4 Karten,
Best.-Nr. 324,
DM 8,80
Zu Lande, zu Wasser und durch die Luft durchstreift der Autor mit dem Rucksack auf dem Rücken Südostasien, Australien und die Südsee. Hautnah erlebt er diesen für uns so exotischen Teil der Erde. Sein Bericht bietet eine Fülle von Tips und Informationen.

GEORG KIRNER

Meine Freunde – die Kopfjäger

Mit dem Rucksack durch Borneo und die Philippinen

**Georg Kirner
Meine Freunde – die Kopfjäger – mit dem Rucksack durch Borneo und die Philippinen.**
221 Seiten,
72 s/w Fotos,
4 Karten,
Best.-Nr. 268,
DM 7,95
30 Kilo, das ist die ganze Ausrüstung, mit der der Autor undurchdringlichen Dschungel, reißende Flüsse und steile Felswände überwand. Er fand Freunde unter den Kopfjägern und Steinzeitmenschen, er probierte Affenfleisch und gebratene Termiten.

MIKE JONES

Sturzfahrt vom Everest

Mit dem Kajak durch Wildwasser und ewiges Eis

**Mike Jones
Sturzfahrt vom Everest – mit dem Kajak durch Wildwasser und ewiges Eis.**
223 Seiten,
48 s/w Fotos,
1 Karte,
Best.-Nr. 269,
DM 7,95
Eine Sturzfahrt durch das gefährlichste Wildwasser der Welt. Durch Strudel, Schnellen und Schlünde. Entlang der Südwestflanke des Mount Everest auf dem Dudh Kosi talwärts ...
Eine Herausforderung, der sich zuvor noch nie ein Mensch gestellt hatte.

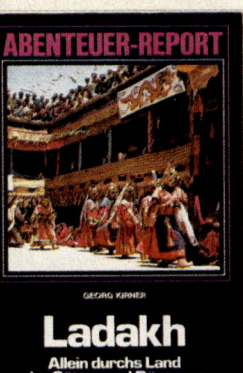

Georg Kirner Ladakh – allein durchs Land der Götter und Dämonen.
217 Seiten, 71 s/w Fotos, 4 Karten, Best.-Nr. 307,
DM 8,80
Als 1974 die indische Regierung die Grenzen nach Ladakh öffnete, war der Autor einer der ersten Europäer, der ...iesen Mönchsstaat im Himalaja bereiste. ...r zog mit einer Yak-Karawane über einen ...000 m hohen Paß und wurde vom Dalai-...ama empfangen.

Helmut Hermann Heiße Tour Afrika – mit dem Fahrrad von Algier nach Kapstadt.
254 Seiten, 85 s/w Fotos, 3 Karten, Best.-Nr. 267,
DM 7,95
Afrika per Fahrrad – reiner Wahnsinn oder das einzig Wahre? Zehntausend Kilometer durch Wüste und Urwald, unter glühender Sonne, durch prasselnde Wolkenbrüche, mit Malaria-Anfällen und Infektionen, haben Helmut Hermann das Letzte abverlangt.

Evelyne Coquet Kolibris und Krokodile – mit dem Pferd durch die Urwälder des Amazonas.
309 Seiten, 52 s/w Fotos, 2 Karten, Best.-Nr. 323,
DM 9,80
Eine Hochzeitsreise durch den tropischen Urwald – was als großes Abenteuer geplant war, hätte fast in einer Katastrophe geendet. Die Autorin will mit ...hrem Bericht nicht nur dem Fernweh ...ahrung geben, sondern auch warnen vor ...nangelnder Vorbereitung.

Peter Jenkins Das andere Amerika – abseits der Highways durch die Vereinigten Staaten.
280 Seiten, 58 s/w Fotos, 3 Karten, Best.-Nr. 306,
DM 9,80
3.000 km legte der Autor, ein junger Amerikaner, zu Fuß in seinem Heimatland zurück. Nur begleitet von seinem Hund Cooper. Aber er lernte auf diesem Marsch nicht nur die Menschen seiner Heimat kennen, sondern auch sich selbst.

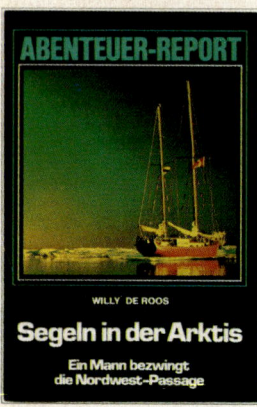

Willy de Roos Segeln in der Arktis – Ein Mann bezwingt die Nordwest-Passage – 220 Seiten, 26 s/w Fotos, 3 Karten Best.-Nr. 342

DM 8,80

Was seit Roald Amundsen keiner mehr geschafft hat – Willy de Roos hat es gewagt: Auf derselben Route wie sein Vorgänger umsegelte er den nordamerikanischen Kontinent vom Atlantik bis zum Pazifik. Er bestand nicht nur den Kampf gegen die tödliche Umklammerung durch das Packeis und die Unbarmherzigkeit einer lebensfeindlichen Welt, sondern auch den Kampf gegen die Grenzen der eigenen Leistungsfähigkeit. Sein Buch ist das Dokument einer grandiosen seglerischen und menschlichen Leistung.

Gustav Harder/ Werner Müller-Esterl Annapurna I – Der vergessene Achttausender – 251 Seiten, 77 s/w Fotos, 20 Karten Best.-Nr. 344

DM 8,80

Im Herzen des Himalaya, im Norden Nepals, liegt der Achttausender Annapurna I. Am 1. Mai 1980 bezwingt eine Gruppe deutscher Bergsteiger, zu der auch Gustav Harder gehört, den 8081 Meter hohen Gipfel. Dieses Buch schildert die beispielhafte Organisation, die Strapazen des Anmarsches, den abenteuerlichen Aufstieg, die Abfahrt mit Skiern und den dramatischen Rückweg. Faszinierend ist aber nicht nur die großartige bergsteigerische Leistung, sondern vor allem auch das Erlebnis der Freundschaft aller Teilnehmer angesichts der Herausforderung dieses Berges.

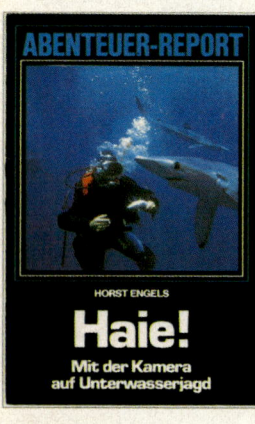

Horst Engels Haie! – Mit der Kamera auf Unterwasserjagd – 182 Seiten, 47 s/w Fotos, 2 Karten Best.-Nr. 343

DM 7,80

Tauchen unter Haien, den gefährlichsten Raubfischen des Meeres, gehört mit Sicherheit zu den aufregendsten Abenteuern unserer Zeit. Fünf Wochen lang beobachtete ein Taucherteam diese unberechenbaren Tiere – fünf Wochen, in denen es oft genug ums nackte Überleben ging. Ohne jede Sensationsmache, aber äußerst spannend und informativ schildert Horst Engels seine oft atemberaubenden Erlebnisse.

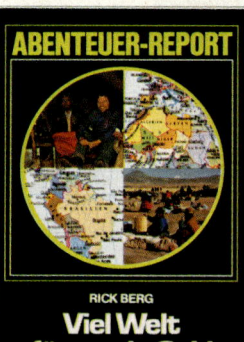

Rick Berg Viel Welt für wenig Geld – Der Reiseführer ins Abenteuer – 223 Seiten, 40 Zeichnungen, 3 Karten Best.-Nr. 345

DM 8,80

Für alle, die Reisen auf eigene Faust unternehmen wollen: wertvolle Tips, wie man mit wenig Geld und einem Minimum an Gepäck in der Welt herumkommt. Der Autor wendet sich dabei an all jene, die fremde Menschen und Länder abseits der großen Touristenstraßen hautnah erleben wollen und von einer farbigen Welt voller Abenteuer träumen.

keine Antwort. Die Sonne steht genau hinter ihm, und von drüben müßte man uns deshalb gut sehen. Ich signalisiere mit der Aldis-Lampe, daß ich Verbindung aufnehmen möchte. Nach einigen Versuchen bestätigt es endlich den Empfang meiner Botschaft. Wir signalisieren uns gegenseitig unsere Namen, doch die Sonne hindert mich daran, seinen zu lesen. Wir fahren aufeinander zu, beide darauf bedacht, den Eisschollen auszuweichen. Bald kann ich das Schiff als den Tanker *Irlando* aus Kopenhagen identifizieren. Als wir uns auf Hörweite angenähert haben, versuche ich mit dem Wachoffizier auf der Brücke ein Gespräch zu beginnen, aber der Kapitän lädt uns ein, doch zu ihm an Bord zu kommen. Die Begegnung ist sehr herzlich, und ich erfahre, daß die *Irlando* nicht aus der kanadischen Arktis, sondern von der Basis Thule kommt. Der Kapitän zeigt mir seinen Kurs auf der Karte und bestätigt mir, daß der Zustand des Eises 15 Meilen weiter nördlich sehr viel günstiger ist. Natürlich hat er meinen Funkspruch empfangen und darauf geantwortet. Da ich ihn aber nicht gehört habe, ist anzunehmen, daß mein Empfänger defekt ist. Der Kapitän der *Irlando* fragt mich nach den Bedingungen, die wir in der Melville-Bay hatten. Nachdem wir unsere Erfahrungen ausgetauscht haben, wünschen wir uns gegenseitig „Gute Fahrt" und verabschieden uns. Eine schwarze Rauchfahne, das dumpfe Geräusch der Schiffsschraube, die das Meer aufwühlt, einige Arme, die uns zuwinken, und die *Irlando* entschwindet ostwärts, während wir uns der *Bernier* zuwenden, die in einiger Entfernung geankert hat.

Bevor wir uns wieder gemeinsam auf den Weg machen, trage ich die Position unserer Begegnung mit dem Tanker ins Logbuch ein. Von Eisscholle zu Eisscholle, von Rinne zu Rinne tasten wir uns in den Norden vor, und dann sind wir im *North Water* der Walfänger. Wir schreiben heute Samstag, den 30. Juli, es ist 3 Uhr morgens. Wir halten Kurs auf Kanada. Unsere Position, die wahrscheinlich nördlichste der ganzen Reise, beträgt 75° 56 Nord. Ich nütze die Pause, in der das Segeln einfach ist, um mein Funkgerät zu überprüfen, und stelle fest, daß sich eine Lötstelle an der Antenne gelockert hat. Die Reparatur ist schnell gemacht, und alles funktioniert wieder.

Gegen 6 Uhr morgens fahren wir an der Packeisgrenze entlang, die sich 4 Meilen nach Süden ausdehnt. Bis auf ein schmales Hindernis, auf das wir gegen 7 Uhr 20 stoßen, ist unser Fahrwasser praktisch offen. Es friert. 3° minus, Nordwestwind Stärke 5, Barometerstand 1002 Millibar, fallend. Der Wind frischt immer mehr auf, die Dünung, das beste Zeichen für offenes Wasser, erfaßt uns von der Seite.

Auch am Nachmittag weht ein frischer Wind. Nachdem wir das Besansegel geborgen haben, reffen wir auch das Großsegel, um die *Bernier* nicht abzuhängen. Die Yacht schlingert unangenehm, und Jacques, den ich bei diesem Wellengang nicht ausbooten kann, ist offensichtlich seekrank. Er kauert sich in eine Ecke und sucht nach Ausreden für seine angebliche Unpäßlichkeit. „Ich habe nicht genug gegessen", meint er.

Da ich weiß, wie verhängnisvoll der erste starke Wellengang für Menschen ist, die unter der Seekrankheit leiden, nehme ich ihm seine Ausrede nicht ab. Gegen die Übelkeit ist noch kein Kraut gewachsen; das beste ist, sich in das Unvermeidliche zu schicken und sich zu sagen, daß die Seekrankheit das Los vieler guter Seeleute ist. Jacques also besteht darauf, etwas zu essen, obschon mir angesichts seines leichenblassen Aussehens klar ist, daß er binnen einer Minute alles wieder ins Meer speien wird. Ich will ihn nicht verunsichern und rate ihm, sich eine Scheibe Brot abzuschneiden und Jean-Louis, der unter Deck ist, zu fragen, womit er es belegen soll. In Kürze ist er wieder oben, mit einem Teller voll gutem Holländer Käse und einer winzigen Scheibe Brot. Mir treten fast die Augen aus dem Kopf. „Mein schöner Käse!"

Von einem Brüsseler Freund hatte ich als Abschiedsgeschenk eine herrliche Kugel Goudakäse bekommen. Ich hatte sie vor kurzem angeschnitten, und nur ab und zu genehmigten wir uns ein dünnes Scheibchen zusammen mit einem Scheibchen Parmaschinken als Dessert, wenn das Essen besonders bescheiden ausgefallen war. Ich paßte auf, daß beides nicht Jean-Louis in die Finger geriet, der allzu großzügig mit den köstlichen Sachen umging, und schützte die Schnittfläche mit einem Stück Aluminiumfolie, damit er nicht austrocknete. Kurz, ich hütete Schinken und Käse wie meinen Augapfel!

Und da erscheint dieser Jacques mit einem Teller voll Gouda, dick heruntergesäbelt wie mit dem Hackbeil... Nachdem das Unglück einmal geschehen ist, will ich meinem Gefährten keine Szene machen, der das Ganze sowieso nicht begreifen würde. Mit einem großen Brocken Käse in der Faust macht er mir ein Zeichen, daß er sich schon besser fühle. Doch zwei Minuten später muß er sich übergeben, wirft den Teller ins Cockpit und beugt sich über die Reling... Armer Jacques, er ist ein prima Bursche und ich bin ihm überhaupt nicht böse! Wenn ich diesen Vorfall hier erwähne, so nur, um verständlich zu machen, wie stark die Einschätzung der Dinge von der jeweiligen Situation abhängt.

Für Jacques und Jean-Louis, die der Gesellschaft und ihrem Überfluß noch nicht lange genug fern sind, ist Käse eben nichts als ein wohlschmeckendes Nahrungsmittel, von dem die Molkereiläden überquellen. Für mich, der ich weiß, daß ich ihn in absehbarer Zeit nicht ersetzen kann, hat der Käse einen ganz anderen Wert. In der Einsamkeit der Arktis könnte es durchaus sein, daß wir uns glücklich schätzen werden, unsere goldene Uhr gegen eine kleine Scheibe Gouda einzutauschen, um zu überleben. Auf einer Reise wie der unsrigen ist genaue Einteilung ein Muß. Wenn auch die Kälte und die körperliche Anstrengung den Kalorienbedarf erhöhen, so muß man sich deshalb noch lange nicht pausenlos übereressen. Verlangt der Organismus zwei Scheiben Brot, so muß man nicht vier essen, denn er gewöhnt sich an dieses Übermaß. Es wird oft falsch verstanden, wenn man ein Besatzungsmitglied dazu anhält, weniger zu essen, die Butter weniger dick zu streichen, sparsam mit den Trockenfrüchten und der Schokolade zu sein. Für die Moral ist es wichtig, sich wohl zu fühlen, besonders dann, wenn die Lebensbedingungen härter werden. Man muß lernen, sich freiwillig zu beschränken, denn nur der genügsame Seemann kann sich, ähnlich wie das Kamel in der Wüste, auf schlechtere Nahrungsbedingungen einstellen.

Um Mitternacht legt sich der Wind. Wir setzen wieder einen Teil der Segel, und morgens kommt Kanada in Sicht. Seltsam ist nur, daß die *Bernier*, die uns bis jetzt wie ein Schatten folgte, vom Kurs abweicht und sich weiter nach Norden hält. Ich frage mich, was Real da wieder im Schilde führen mag. Ich bin mir meiner Position absolut sicher und navigiere exakt nach der Karte. Ich versuche die Freunde über Funk zu rufen, bekomme jedoch keine Antwort, und dann sehe ich sie plötzlich hinter dem Horizont verschwinden...

„Ausgerechnet jetzt, wo Jacques noch an Bord ist!"

Nachmittags umsegeln wir Cape Sherard am Eingang des Lancaster Sound, und ich peile befriedigt Cape Warrender an, eine zweite wichtige Landmarke. Wir versuchen an seinem Nordufer entlangzufahren, doch um 15 Uhr 15 sind wir von geschlossenem Packeis blockiert. Jede weitere Annäherung verbietet sich für den Augenblick. Jacques wird für mich zu einer Belastung. Ich kann ihn nicht an Bord behalten, weil ich weder den Platz noch die Lebensmittel habe. Aber mir sind im Augenblick die Hände gebunden. Innerlich fluchend drehe ich nahe der Packeisgrenze bei, um auf die *Bernier* zu warten. Warum bloß hat Real unser Kielwasser verlassen? Ich kann mir auch sein Schweigen nicht erklären. Jacques erinnert mich daran, wie oft er mich schon gewarnt hat, keine gemeinsame Sache mit der *Bernier* zu machen. Die Bemerkung kann mich auch nicht gerade besänftigen. Wenn ich den Leuten aus Quebec helfe, dann, weil ich es für meine Pflicht halte. Ich lasse doch nicht fünf gefährdete Menschen ohne Hilfe, selbst wenn die Fortsetzung meiner eigenen Reise dadurch fraglich wird.

Man kann darüber streiten, ob diese Gefahr wirklich besteht. Jacques und auch Real sind sich ihrer jedenfalls nicht bewußt. Für mich besteht jedoch kein Zweifel daran. Man braucht sich nur vor Augen zu halten, daß die Arktis für eine Segelyacht ohne Hilfsmotor kein vergnüglicher Platz ist. Abschreckende Beispiele gibt es genug: Im Sommer 1903, dem Jahr, als die *Gjöa* von Amundsen die Melville-Bay scheinbar ohne Schwierigkeiten durchquerte, zerbrach die *Vega* und sank, während die *Balanea* achtzig Tage im Eis gefangen war – und das trotz erfahrener Matrosen an Bord beider

Schiffe. Alle diese Gedanken stimmen mich nicht heiterer, und gern hätte ich mir diese zusätzlichen Sorgen vom Halse geschafft. Die allgemeine Stimmung an Bord ist ziemlich gespannt. Schon der Zwischenfall mit dem Käse hatte mich in Wut versetzt, und Reals Eskapaden ärgern mich noch mehr. Da die Yacht beigedreht liegt und ich mir nichts mehr wünsche, als allein zu sein, lege ich mich schlafen.

Es ist fast Mitternacht, als Jacques mich weckt und mir mitteilt, die *Bernier* sei in Sicht. Er packt seine Sachen zusammen und wechselt auf seine Yacht über, als Real endlich längsseits kommt. Ich sage dem Skipper erst einmal deutlich meine Meinung. Real verteidigt sich: mein Kurs führe viel zu weit nach Süden ab. Als ich ihn zur Rede stelle, warum er mich denn nicht verständigt habe, versichert er mir, er habe mich über Funk gerufen. Ich halte das für wenig wahrscheinlich, zumal ich selbst mehrere Male versucht habe, mit ihm Kontakt zu bekommen. Ich glaube, in Wahrheit leidet Real darunter, daß er sich nach uns richten mußte. Als er mich dann auf falschem Kurs glaubte, hielt er das für eine gute Gelegenheit, sich als Navigator von Rang zu profilieren. Wie auch immer, das Unglück ist geschehen, ich will mich nun nicht länger damit belasten. Da das rechte Ufer weiter blockiert ist, kommen wir überein, die Straße zu durchfahren und – wenn das südliche Ufer frei sein sollte – bei den Wollaston-Inseln zu ankern.

Jean-Louis warnt mich vor plötzlichen Hindernissen

So fahren wir wieder los. Da wir der *Bernier* mehr Bewegungsfreiheit lassen wollen, haben wir sämtliche Segel gesetzt und machen Fahrt, ohne uns weiter um sie zu kümmern. Bald liegt sie weit hinter uns, wir verlieren sie immer mehr aus den Augen.

An die 30 Meilen liegen noch vor uns. Der Kompaß ist äußerst unstabil, und je mehr wir uns der Südküste der Meerenge nähern, desto unbrauchbarer wird er. Beim geringsten Schlingern des Bootes zuckt die Rose wild hin und her. Aber da die Sicht gut ist, haben wir Navy Board Inlet ausgemacht, einen Meeresarm, der in den Lancaster Sound mündet, an dessen Öffnung die Wollaston-Inseln liegen. Gegen 8 Uhr befinden wir uns im Schutze einer dieser Inseln. Im Laufe des Nachmittags frischt der Wind auf und wird bald stürmisch. Nachdem wir etwas geschlafen haben, reparieren wir abends die hydraulische Steuerung. Das defekte Ventil, das wir schon bei der Ankunft in Grönland entdeckt hatten, ist plötzlich vollkommen undicht geworden. Ich habe Angst, daß Luft in das System eindringt, wenn wir den Schaden nicht beheben. Nach der Arbeit essen wir gemeinsam ein Butterbrot. Es ist 20 Uhr.

Ganz unerwartet teilt mir Jean-Louis seinen Entschluß mit, mich zu verlassen. Ich glaube meinen Ohren nicht zu trauen – daran hätte ich nicht im Traum gedacht. Wir haben zwar ausgemacht, daß beide Seiten sich jederzeit absetzen können, trotzdem bin ich überzeugt, daß Jean-Louis einen Fehler begeht. Die Gründe für seinen Entschluß scheinen mir nicht plausibel. Dummerweise kann ich ihm das nicht begreiflich machen, ohne den Eindruck zu erwecken, ich spräche allein für mich. Und das will ich unter keinen Umständen! Jean-Louis nennt drei Gründe, die ihn bewegen, von Bord zu gehen: 1. Die Expedition verfolgt keine wissenschaftlichen Zwecke. 2. Er findet, daß mindestens drei Mann an Bord sein sollten. 3. Er hält die Ausrüstung für das Überwintern für ungenügend und bemängelt u. a. die Anzahl der Haken, um auf Eis festmachen zu können. Auf meine Bitte hin wiederholt er die drei Punkte, damit ich sie ins Logbuch eintragen kann. Ich will ihn aber heute abend nicht in die Enge treiben, darum vermeide ich weitere Diskussionen und mache ihm nur klar, daß er für seine Entscheidung allein geradestehen muß. Er ist keinesfalls verpflichtet zu bleiben. Ich werde keinen Widerspruch erheben, wenn er wirklich geht. Ich lege ihm nur ans Herz, das Ganze eine Nacht zu überschlafen. Dann ziehe ich mich resigniert in meine Koje zurück.

Mit den Gedanken bin ich woanders. Mechanisch bestimme ich den Standort des Schiffes, stelle fest, daß die *Bernier* parallel zur Küste, also ohne Gefahr, ankert. Dann trage ich die Ereignisse des Tages in das Logbuch ein, bevor ich mich niederlege. Wie konnte es soweit kommen, daß der Junge mich im Stich lassen will? Was hatte mich überhaupt bewogen, ihn einzuladen? Ich sehe ihn vor mir, wie er in Egedesminde aus dem Hubschrauber klettert. Ich rufe mir jeden Augenblick unserer gemeinsamen Fahrt ins Gedächtnis, um herauszufinden, wann der Sinnesumschwung eingetreten ist. Ich weiß, daß er anfangs hoffte, so lange wie möglich bleiben zu können. Ich versuche selbstkritisch zu sein. Ich streite gar nicht ab, daß ich fordernd, ja hart sein kann, wenn es um ein angestrebtes Ziel geht. Aber niemand kann sagen, daß ich es nicht vor allem gegen mich selbst bin. Ich lege an mich strengere Maßstäbe an als an andere. Meine Unerbittlichkeit in Fragen der Sicherheit, habe ich mir auch nicht vorzuwerfen, ganz im Gegenteil. Ich habe genausowenig das Recht, die Existenz des anderen in Gefahr zu bringen wie meine eigene. Am Ende meiner Überlegungen steht die Erkenntnis, daß uns – Jean-Louis und mich – Welten trennen. Ich sehe auch nichts, was uns wieder zusammenbringen könnte. Schade, daß wir keine Zeit zu tieferem Gedankenaustausch hatten. Dieses Ende konnte ich nicht voraussehen. Ein Stachel bleibt in mir zurück: Ich fürchte, daß der Junge sich nicht genügend ernstgenommen fühlte. Ich werde mich jedenfalls hüten, mich als Richter aufzuspielen.

Langsam kommt der Schlaf über mich. Ich werde ruhiger. Ich habe mein Verhältnis zu Jean-Louis überprüft und eigentlich keinen fundamentalen Irrtum bei mir entdecken können, außer dem, ihn mitgenommen zu haben, ohne ihn gut genug zu kennen. Morgen – das ist mein letzter Gedanke – will ich diplomatisch vorgehen. Wie kann ich ihm zu verstehen geben, daß er doch bleiben soll, ohne daß ich mir dabei etwas vergebe . . .

Der arktische Amtsschimmel

Den ganzen 3. August liegen wir vor Anker. Der Sturm hat sich noch nicht gelegt. Die *Bernier*, eine Meile von uns entfernt, zerrt an ihrer Ankerkette und wird vom Wind gebeutelt. Ich hatte einige Male Funkkontakt mit

Real – wir wollen nach Resolute Bay aufbrechen, sobald das Wetter sich ändert. Jean-Louis hat nicht wieder erwähnt, daß er mich verlassen will, und weil mir nichts ferner liegt, als ihn vor den Kopf zu stoßen, läuft alles so weiter, als wäre nichts geschehen. Ich habe Brot gebakken, denn es ist immer wieder ein Vergnügen, in ein Stück ofenfrisches Brot zu beißen. Nichts trägt außerdem mehr dazu bei, die Atmosphäre zu verbessern.

Als am 4. August mittags der Wind abflaut, hissen wir ausgeruht und wohlgenährt wieder die Segel. Das Barometer kündigt mit 1018 Millibar ein neues Tief an, gute Sicht wechselt mit Nebelzonen, die Temperatur beträgt 4°. Um 14 Uhr frischt der Nordwind auf, zuerst mit Stärke 4, um 16 Uhr hat er bereits Stärke 6 erreicht. Wir haben rauhe See. Um 18 Uhr stoßen wir wieder auf die Eisbank, die immer noch die Nordseite des Lancaster Sound sperrt. Wir sind gezwungen, nach Süden abzudrehen. In den Abendstunden hat die *Bernier* Funkkontakt mit dem kanadischen Eisbrecher *Johnny Mac Donald,* der in einem Seitenarm des Lancaster Sound vor Anker liegt. Er signalisiert der *Bernier,* daß es in unmittelbarer Nähe ein Bergwerk gibt, dessen Werkstatt vielleicht die notwendigen Reparaturen an Reals Boot vornehmen könnte. Das ist ein interessanter Vorschlag. Wir wollen der *Mac Donald* einen Besuch abstatten und nehmen Kurs auf Strathcona Sound im Admiralty Inlet, wo ich am 5. August um 16 Uhr die Umrisse des Eisbrechers entdeckte.

Real ist der Wortführer; wir werden eingeladen, längsseits zu kommen und zuerst einmal an Bord eine Dusche zu nehmen. Beim Abendessen lerne ich den zweiten Offizier näher kennen: ein äußerst hilfsbereiter Mensch. Er will sich um unseren Trinkwasser-Nachschub kümmern und, wenn noch Zeit bleibt – die *Mac Donald* muß morgen schon weiter –, will er auch noch veranlassen, daß wir Treibstoff nachfüllen können. Das Essen endet etwas abrupt, als der Kapitän einen Funkspruch der Küstenwache erhält, die ihn bittet, uns augenblicklich von Bord zu schicken, da wir keine Genehmigung eingeholt hätten, das Schiff zu betreten.

Dieser Bürokratismus versetzt mich doch in Erstaunen, ich will aber keinen Ärger machen. Daher brechen wir sofort zu dem kleinen Hafen des Bergwerks auf, wo uns angeblich die Behörden erwarten. Als ich näher komme, sehe ich in der Tat einen Mann am Kai stehen. Er ist in Zivil und macht uns ein Zeichen, in nächster Nähe zu ankern. Sobald wir in Rufweite sind, brüllt er mir entgegen: „Sind Sie Willy de Roos?"

Ein wenig verblüfft, daß hier oben jemand meinen Namen kennt, antworte ich mit „ja".

„Haben Sie meinen Brief noch bekommen?"

„Was für einen Brief?"

„Meine Dienststelle hat an unsere Botschaft in Brüssel geschrieben, um Ihnen von dieser Reise abzuraten. Sind Sie davon nicht informiert worden? Ich bin Kapitän Penning von der kanadischen Küstenwache."

„Doch, Ihren Brief habe ich bekommen, aber er kam zu spät, um die Sache abzublasen."

Verdammt, die Küstenwache wird uns doch wohl keine Scherereien deswegen machen, hoffe ich ... Das wäre zu dumm! Bevor ich ernsthaft mit den Reisevorbereitungen begann, bevor ich mich vor allem zu größeren Ausgaben entschloß, hatte ich bei der Botschaft Kanadas in Brüssel angefragt, ob ich in den kanadischen Hoheitsgewässern segeln dürfe. Und die Antwort lautete, man habe keine Einwände. Später allerdings hatte die Botschaft ein Schreiben der Küstenwache erhalten, in dem von solcher Unternehmung abgeraten wurde. Ich habe eine Abschrift des Schreibens, das ein schwarzes, aber realistisches Bild der Konditionen im hohen Norden zeichnet. Aber meine Vorbereitungen und die damit verbundenen Investitionen waren so weit fortgeschritten, daß ich nicht mehr zurück konnte. Ich habe Kopien des Briefwechsels mit der Botschaft an Bord, und als ich wenig später mit Kapitän Penning und einem kanadischen Polizisten in meiner Kajüte sitze, bin ich fest entschlossen, mich zu verteidigen.

Unser Gespräch nimmt rasch den Charakter einer Eignungsprüfung an. Aber in dem Punkt fühle ich mich ganz sicher, und sobald ich merke, daß Pennings Entscheidung von meinen Kenntnissen abhängt, mache ich mir keine Sorgen mehr. Im Gegenteil, ich finde sein Verhalten jetzt eher sympathisch und sinnvoll. Angst hatte ich eigentlich nur vor einem Willkürakt.

Nebenbei erfahre ich, daß unsere Begegnung hier in Strathcona Sound rein zufällig ist. Penning und der Polizist waren hierher beordert worden, um das Beladen des ersten ausländischen Erzfrachters zu kontrollieren, der Strathcona Sound angelaufen hatte. Doch wie wir später feststellten, war es unmöglich, dem wachsamen Auge desjenigen, den wir später einmal die „Graue Eminenz" der Küstenwache taufen sollten, zu entgehen. Der Ton unserer Unterhaltung wird zusehends gelöster, und am Ende können wir unsere Fahrt unter der Bedingung fortsetzen, daß wir unseren Standort täglich über Funk an die Küstenwache an der Frobisher Bay melden.

Da die Männer von der *Bernier* Landsleute sind, nahm ich an, daß man sie in Ruhe lassen würde. Doch Real erzählte mir, daß auch er von dem Vertreter des Gesetzes besucht worden sei und daß es heiße Diskussionen gegeben hätte. Es ist spät geworden, und wir verlassen die Kaianlagen, um neben der *Mac Donald* zu ankern. Wir warten darauf, daß sie ihr Angebot wahr machen, uns mit Trinkwasser und Treibstoff auszuhelfen.

Auf dieser kurzen Strecke bricht das dritte Wendegetriebe der *Bernier* zusammen. Wieder einmal werfen wir ihr das Schleppseil zu. Sie haben Glück, daß es gerade hier passierte, wo sie den Schaden unter guten Voraussetzungen beheben lassen können. Morgen wird Real sich erkundigen, wie schnell die Reparatur erledigt werden kann. Wir vereinbaren, daß die *Williwaw* allein weiterfahren wird. Jean-Louis, der hier hätte von Bord gehen können, will nun doch noch bis Resolute Bay mitsegeln, wo die Flugverbindungen besser sind. Er träumt davon, nach Pond Inlet zu gehen, einem kleinen Eskimodorf nicht weit von den Wollaston-Inseln, wo wir vor einigen Tagen geankert haben. Dort hat er früher schon einmal zwei Sommer lang mit einem belgischen Pater an archäologischen Grabungen teilgenommen. Er scheint Pond Inlet in guter Erinnerung zu haben. Ob es der Hauptgrund für seinen Entschluß ist, mich zu verlassen?

Am Mittag des 6. August schleppen wir die *Bernier* in den Hafen des Bergwerks. Morgens konnten wir noch Wasser auffüllen und 30 Liter Diesel an Bord nehmen. Noch ein paar Stunden bleiben wir ganz allein in diesem Meeresarm mit dem klaren, friedlichen Wasser, verloren in der Unendlichkeit der kanadischen Arktis.

Um Mitternacht brechen wir ganz leise auf, um niemanden aufzuwecken. Ich lasse die *Williwaw* eine Weile abdriften, bevor ich den Motor anwerfe. Noch eine ganze Weile blicke ich nachdenklich auf den roten Schiffsrumpf mit der aufgemalten Lilie, bis er immer kleiner wird. Ich bin zufrieden, sie in Sicherheit zu wissen, und wünsche ihr und ihrer Besatzung Glück und Erfolg. Der Erste Ingenieur der *Mac Donald* hat Real offensichtlich bestätigt, daß der Motor fest verankert werden müsse, und ich hoffe, daß Real das kapiert hat und die Reparatur gründlich ausführen läßt.

Wir sind schon geraume Zeit unterwegs, als ich hinter dem Steuerrad versteckt ein Briefchen entdecke. Ich öffne es und lese gerührt die Wünsche für eine gute Fahrt, die Marie-Eve uns sendet. Warum nur war ich ihr gegenüber nicht so aufmerksam? Mein Gott, wie ist es doch schwer, immer der zu sein, der man gern wäre!

Dann höre ich auf, nach rückwärts zu schauen und widme mich wieder mit ganzer Aufmerksamkeit dem Navigieren.

Menschliche Wärme in eisiger Welt

Die Mitternachtssonne taucht die südliche Steilküste des Strathcona Sound in glühendes Rot. Das nördliche Ufer dagegen liegt in tiefem Dunkel. Wärme und Kälte bilden hier im Spiel der Farben stärkere Gegensätze als Licht und Schatten. Der Blick in der engen Durchfahrt umfaßt gleichzeitig das dunkle Nichts und das flammende Leben. Kein anderer Morgen hat mich bisher so beeindruckt wie dieser – Wasser, Eis und Feuer so klar voneinander abgesetzt zu erleben.

Um 8 Uhr passieren wir den Admiralty Inlet, einen Fjord, der vom Lancaster Sound seinen Ausgang nimmt und 200 Meilen weiter südlich bis zur Baffin-Insel vordringt. Dieser Fjord hat noch zahlreiche kleine Nebenarme, und Strathcona Sound ist einer von ihnen. Vormittags umsegeln wir das Cape Crauford und befinden uns nun mitten im Lancaster Sound. Bisher sind wir noch nicht auf Eis gestoßen, und ich hoffe, daß wir jetzt sogar das etwa 50 Meilen entfernte Norufer ansteuern können. Inzwischen ist Wind aufgekommen, und wir machen gute Fahrt. Je schneller wir werden, desto größer wird unsere Hoffnung, zur Nordseite zu gelangen. Und am späten Abend erreichen wir tatsächlich die Öffnung von Stratton Inlet, eine scharfeingeschnittene Ausbuchtung auf der Nordseite des Lancaster Sound. Wo ist die Eisbank geblieben, die den Zugang noch vor wenigen Tagen hermetisch versperrt hielt?

Der Kompaß ist absolut unbrauchbar, und ich navigiere nach Sicht und mit Hilfe des Radars.

Da die Lage unverändert geblieben ist, überlasse ich Jean-Louis das Ruder und lege mich hin. Ich bin immerhin seit 24 Stunden auf den Beinen. Jean-Louis wird mich wecken, sobald wir auf der Höhe der Maxwell Bay angekommen sind, die 15 Meilen breit und darum leicht auszumachen ist. Wenn alles weiter gut läuft, werden wir sie gegen 5 Uhr morgens erreichen. Ich kann also einige Stündchen schlafen.

Jean-Louis hat mich aus dem Bett geholt, die Bay ist in Sicht, und trotz der Kälte, die mir bis ins Mark dringt, bin ich zufrieden. Ich danke der Vorsehung, daß das Packeis bisher ausgeblieben ist.

Unsere Fahrt lief seit Strathcona reibungslos, und alles deutet darauf hin, daß wir die Erebus Bay an der Öffnung des Wellington-Kanals erreichen werden. Wahrscheinlich hat der Kanal einen Teil seines Eises in die Barrow-Strait abgeschoben, wo wir dann wahrscheinlich schwierigere Bedingungen vorfinden werden. Aber wozu sich jetzt schon Gedanken machen, die Bewegungen des Eises sind launisch, alles kann sich von einer Stunde auf die andere ändern, und wir sind noch lange nicht in der Erebus Bay.

Immerhin haben wir inzwischen den Lancaster Sound verlassen und fahren in die Barrow-Strait, seine Fortsetzung, ein. Es ist 7 Uhr 13, die Wetterlage sieht so aus: Westwind, Stärke 5, Temperatur 2°, Barometer 1019 Millibar, fallend, Himmel bedeckt, Sichtbehinderung durch Sprühregen. In der Erebus Bay, die nach einem der beiden Schiffe von Franklins unglücklicher Expedition benannt ist, hatten die 129 Männer der *Terror* und der *Erebus* 1845/46 ihr Winterlager aufgeschlagen. Sir John Franklin hatte 1825 mit 39 Jahren die topographische Vermessung des Mackenzie-Deltas und der Mündung des Coppermine-Rivers geleitet. So kannte er die Zufälligkeiten der Polarnavigation und übertrug seine Zuversicht während der ersten Überwinterung auf seine Expeditionsmitglieder.

Die günstige Lage der Bay so nahe am Wellington-Kanal und ihr großer historischer Name weckten den Wunsch in uns, hier Station zu machen, und am

8. August um 13 Uhr 15 ankern wir schon. Nordöstlich vor uns sehen wir die Insel Beechey, die die Bucht nach Westen abschließt. Bevor wir aber die Insel erkunden, wollen wir uns etwas Schlaf gönnen.

Nach einer ausgiebigen Ruhepause lassen wir das Beiboot zu Wasser und setzen den Fuß auf den kleinen Kiesstrand, von dem aus das Land terrassenförmig ansteigt. Die Insel Beechey, heute eine Halbinsel, hängt mit der großen Insel Devon durch eine kleine aus Kies bestehende Landzunge zusammen, die bei Flut fast ganz vom Wasser bedeckt ist. An ihrem höchsten Punkt ist sie 240 Meter hoch und besteht aus mehreren terrassenförmig überhängenden Ebenen.

Auf der ersten Terrasse, die man vom Strand aus erreicht, liegt die letzte Ruhestätte dreier Mitglieder der Franklin-Expedition, die im Laufe dieser ersten Überwinterung gestorben sind. Jean-Louis und ich stehen eine Weile vor ihren Gräbern, die in den gefrorenen Boden gegraben wurden, im Sommer vom Wind umweht, im Winter tief unter dem Schnee vergraben. Wer könnte hierherkommen, ohne ihrer, die so weit von zu Hause sterben mußten, im Gebete zu gedenken? Nie, außer am Grabe meines Vaters, war ich im Grunde meiner Seele der anderen Welt so nahe wie jetzt, als ich vor diesen drei steinigen Erdhügeln verharre, die mit einem Eichenbrett geschmückt sind, auf das der Name des Toten eingeritzt ist.

"Sacred to the memory of Ino Torrington, who departed this life Jan. 1st. A. D. 1846 on board of Her Majesty's ship *Terror*, aged 20. "

Die beiden anderen Inschriften sind nur noch teilweise lesbar. Die eine erinnert an Ino Hartwell, der 23 Jahre wurde, die andere an W. Braine, 32 Jahre alt, beide von der *Erebus*.

Als wir die Gräber verlassen und uns der Stelle zuwenden, wo früher ein hölzernes Wachtgebäude stand, haben wir einen Überblick über die gesamte Bucht. Ich male mir aus, wie es an der Stelle, wo die *Williwaw* jetzt ankert, aussah, als die *Terror* und die *Erebus* hier vor Anker lagen. Vorne am Fahnenmast, vor dem weißen Schneemantel des Festlandes, flatterte in diesem Frühling 1846 stolz der Union Jack im Winde. Die Männer bildeten einen Kreis um die Ankerwinde und sangen im Takt ihrer Bewegungen:

"Veyra, veyra, veyra, veyra,

Wind, I see him!"

Dann wurden die Anker gelichtet, und langsam verschwanden die *Terror* und die *Erebus* auf ihrer Fahrt in die Ewigkeit!

Und was wird unser Schicksal sein! Mit diesem Gedanken steige ich den Abhang hinauf, der auf die zweite Terrasse führt, wo das Denkmal zur Erinnerung an Franklin und seine Männer errichtet ist. Für mich – Jean-Louis wird ja nicht mehr mitfahren – ist der "point of no return" jetzt überschritten, und ich muß dem Winter und allen seinen Unsicherheiten ins Auge sehen.

Ich weiß, daß ich mein Bestes tun werde, und wenn die Kälte mich besiegt, so wird mein Grab vielleicht auch so ein Eichenbrett schmücken, auf das man schreiben könnte, ich habe das Risiko als Preis für meine Unabhängigkeit schon im voraus akzeptiert. Wir verweilen noch einen Augenblick vor der Marmorplatte, die von Mc. Clintock hier niedergelegt wurde, und gehen dann wieder an Bord. Bevor wir noch ein wenig schlafen, backe ich Brot, dann lichten wir den Anker. Es ist der 9. August, 7 Uhr morgens.

Einige Stunden haben wir ganz in der Vergangenheit gelebt, doch beim Verlassen der Bucht treffen wir wieder auf Eis, und das führt uns unerbittlich in die Gegenwart zurück. Wieder einmal versuchen wir von Eisscholle zu Eisscholle, von Spalte zu Spalte voranzukommen. Die Spannung wächst, die Angst kehrt zurück, und vorbei sind Ruhe und Gelassenheit. Angst ist ein Anzeichen für Gefahr; wenn wirklich Gefahr droht, spürt man sie, und man sollte dieses Gefühl nicht verdrängen. Wer sich in Gefahr begibt, muß bereit sein, mit der Angst zu leben. Jede Verharmlosung wäre falsch. Viel besser ist es, sich des Risikos bewußt zu sein und die Angst zu akzeptieren. Aber die Fähigkeit, damit zu leben, ist einem offensichtlich nicht von Natur aus gegeben. Im allgemeinen hat man Angst davor, Angst zu haben und sich und anderen die Angst zu zeigen, die einem die Kehle zuschnürt. Man muß sich immer vor Augen halten, daß man den Elementen immer unterlegen ist und ihnen nur durch den Einsatz der Intelligenz ein Schnippchen schlagen kann. Unsere Intelligenz ist unser sicherster Schutz; nur sie kann einen vor instinktiven oder unüberlegten Handlungen und lebensgefährlicher Panik bewahren.

Während ich in meine Gedanken versunken bin, überfliegt uns ein Hubschrauber. Er hat schon einige Runden über uns gedreht, und nun läßt er sich auf einer Scholle nieder, genau in der Fahrtrichtung der *Williwaw*. Sicher wünscht er Kontakt mit uns, und ich beginne beizudrehen. Als wir näher kommen, ruft uns einer der drei Insassen, die inzwischen ausgestiegen

Überraschende Begegnung in der Barrow Strait

sind, einige Worte zu. Aber ich kann ihn nicht verstehen. Er ist noch zu weit weg, und ich halte weiter auf die Scholle zu, wo sich die drei Männer postiert haben. Jetzt sind wir auf Rufweite herangekommen, ich verstehe zwar den Klang der Worte, aber nicht ihren Sinn. Ich spreche recht gut Englisch, aber der Mann da vor mir muß eine andere Sprache sprechen. Schließlich frage ich Jean-Louis, der vorne im Boot steht, ob er etwas versteht.

„Nein", meint er, „ich kann kein Holländisch!"

„Wie bitte? Ja, richtig, der Mann spricht ja Holländisch!"

Alles klärt sich mit einem Schlage auf. Jetzt verstehe ich ihn ausgezeichnet. Diese kleine Episode zeigt wieder einmal, wie wichtig Selbstkontrolle ist. Ich hatte mich innerlich ganz auf Englisch eingestellt und war deshalb nicht in der Lage, das mir doch vertraute Holländisch zu erkennen. Auf der anderen Seite ist es auch ein Zeichen meiner Übermüdung. In einem Zustand der Überforderung läßt die Wachsamkeit und Aufmerksamkeit natürlich nach. Ich will mir nichts vormachen: ich darf Resolute Bay nicht verlassen, ohne ausgiebig geschlafen zu haben...

Nun kann also die Unterhaltung beginnen.

„Hoe steld U het?" (Wie geht es Ihnen?)

„Goed, en wat doet U daar?" (Danke, gut, und was tun Sie hier?) Nachdem wir ihm auf seine Fragen nach Ziel und Zweck der Reise geantwortet haben, erfahre ich, daß er Zoologe ist und die Aufgabe hat, eine Liste der Säugetiere aufzustellen, die in diesem Bereich leben. Als ich einwende, daß er da gewiß keine große Auswahl habe, widerspricht er lebhaft: wir sähen keine Tiere, weil wir keine Augen im Kopf hätten.

„Wenn Sie wirklich noch keine Walrosse gesehen haben, so fahren Sie in die Nachbarbucht der Erebus, wo dreißig Tiere schlafend auf dem Strand liegen."

Sein Arbeitsfeld liegt im Bereich von Resolute, unserem nächsten Ziel, und er lädt uns ein, ihn dort zu besuchen. Nach den üblichen Wünschen für eine gute Reise trennen wir uns dann wieder.

Auf der Höhe von Cape Dungeness, im äußersten Südosten der Insel Cornwallis, überrascht uns der Nebel. Hier ist das Eis relativ dick, und ich fürchte, daß wir eingeschlossen werden. Im Augenblick kommen wir recht langsam voran, doch im allgemeinen gesehen machen wir ganz gute Strecke.

Die Selbststeueranlage, mit der man die Möglichkeit hat, von jedem Winkel des Boots aus zu steuern, ist eine unschätzbare Hilfe, und der Skipper kann vorne, wo er am besten sieht, Posten beziehen. So kann man geschickt zwischen den Schollen hindurch im Zickzack fahren, ohne fürchten zu müssen, in eine Sackgasse zu geraten. Jean-Louis ist jetzt gut eingearbeitet und schlägt sich ganz wacker. Ich kontrolliere den Kurs mit allen zur Verfügung stehenden Mitteln und weise ihm regelmäßig die allgemeine Richtung. Allerdings dürfen wir nicht zu viele Schleifen fahren: dann verlieren wir Fahrt und müssen mit dem Motor nachhelfen.

Um 14 Uhr 10 liegt Cape Dungeness vor uns, und ich dirigiere die *Williwaw* zwischen 50 und 100 Meter Wassertiefe. Der Nebel ist dicht, und die Bedingungen sind nicht gerade leicht. Weiter entfernt im offenen Meer scheint das Packeis undurchdringlich zu sein. Es besteht hier aus altem, überaus dickem und hartem Eis. Die aufgetürmten Eisschollen sind beim Auftauen in Stücke zerbrochen, ihre bizarren Formen sind ein Teil der chaotischen Landschaft des Nordlandeises. Was für eine Welt – verschwommene, sonnenlose Tage, fahle

Das Segeln im Nebel erfordert höchste Aufmerksamkeit

Farben. Mein Gott, wie kalt und trostlos erscheint mir das Packeis in der grauen freudlosen Atmosphäre.

Am Nachmittag ankern wir endlich in Resolute Bay. Von den vielen Nachtwachen, aber auch von der ungewöhnlichen Konzentration, die das Segeln im Packeis erfordert, sind wir so müde, daß wir beschließen, erst einmal ausgiebig zu schlafen.

Am Ufer steht neben einem Lieferwagen einsam und verlassen eine dunkel gekleidete Gestalt, mit einer hellen, undefinierbaren Kopfbedeckung und einem Paar gelber Stiefel. Ich fixiere sie einen Moment lang und versuche die Uniform zu identifizieren. Vergebens, ich kann mich nicht erinnern, je eine ähnliche gesehen zu haben. Jean-Louis kann mir auch nicht weiterhelfen. Schließlich glauben wir, daß es sich um einen jungen Polizisten handeln muß und daß er schon an Bord kommen wird, wenn er etwas von uns will. Wir jedenfalls gehen jetzt zu Bett.

Am nächsten Morgen, nach gut durchschlafener Nacht, bemerke ich zu meiner Überraschung, daß der kleine Polizist schon wieder Posten bezogen hat. Das macht mich nun doch stutzig. Ganz ohne Grund steht man nicht stundenlang an einem einsamen Strand herum. Und da der Blick des Unbekannten stur auf unsere Yacht gerichtet ist, kann kein Zweifel daran bestehen, daß wir der Grund sind. Wir fassen uns ein Herz und bereiten uns vor, ans Ufer zu fahren. Der Strand ist etwa dreihundert Meter von uns entfernt. Ich

Erschöpft ankern wir in der Resolute Bay

habe nicht gewagt, näher heranzukommen, denn die Tiefen sind gering, und für den Fall, daß die Bucht vereist, müßte man ziemlich viel Platz zum Manövrieren haben.

Während das Beiboot ins Wasser gleitet, sehe ich, daß der junge Polizist ganz erregt einige Schritte vorrennt. Er muß wirklich Interesse daran haben, uns zu sehen. Jean-Louis rudert, und ich sitze hinten. Je mehr sich die Distanz zwischen uns und dem Unbekannten verringert, desto besser kann ich die Einzelheiten seiner Kleidung unterscheiden. Was ich für eine Polizeiuniform gehalten hatte, ist gar keine. Der junge Bursche ist mit einer Art blauer Bluse bekleidet.

„Aber das ist doch nicht möglich! Er trägt die gleiche Jacke wie ich und auch die gelben Stiefel! Und diese Haarsträhne, die unter dem koketten Kopfputz hervorlugt... Donnerwetter, das ist ja eine Frau!"

Mit einem Ruck wendet sich Jean-Louis um, so daß das Beiboot beinahe umgeschlagen wäre.

„Fahr nur zu, mein Freund, rudere ein bißchen schneller, wir werden erwartet!" rufe ich Jean-Louis zu.

Am Ufer angekommen, steigen wir rasch aus.

„Das ist Jean-Louis de Gerlache, und ich bin Willy de Roos", eröffne ich das Gespräch.

„Ich heiße Cathy Glougley", erwidert die junge Dame.

„Ich habe schon auf Sie gewartet, denn ich bin sicher, daß Ihnen eine warme Dusche und ein gutes Essen guttun werden. Mein Auto steht hier. Unser Haus ist das Ihre."

Während der kurzen Autofahrt erzählt Cathy uns, daß sie und ihr Mann Maurice passionierte Segler sind und daß sie vor einigen Jahren eine Weltumsegelung gemacht haben. Als wir die Daten vergleichen, stellen wir fest, daß ihre Reise genau ein Jahr vor meiner eigenen stattfand und wir eine Menge gemeinsamer Freunde haben. Das ist wirklich phantastisch, hier in Resolute, mitten in der Arktis!

Maurice ist Lehrer, und Cathy arbeitet bei der Ver-

Interessiert betrachten die Eskimos die „Williwaw"

waltung. Weil sie nicht aufhören können, vom blauen
Wasser zu träumen, sind sie hierhergekommen, wo die
Gehälter höher sind, aber mit dem Ziel, eines Tages

wieder loszufahren. Sie haben die gleiche Einstellung wie ich, sie wünschen sich kein Vergnügen, ohne vorher dafür gearbeitet zu haben. Ich spüre sofort, daß ihr Haus auch das meine ist.

Dank ihrer Vermittlung lernen wir noch ihre anderen Freunde kennen, und alle reißen sich in Stücke, um uns auf ihre Weise behilflich zu sein. Wir können Benzin nachfüllen, wir können mit Cathys Auto umherfahren. Das ist ein nicht zu unterschätzender Vorteil, denn der Luftstützpunkt, der über Informationen über die Eisbeschaffenheit verfügt, liegt ziemlich weit außerhalb der Bucht. Wir könnten sie nicht für länger verlassen, da sie sich weit zur Barrow-Straße hin öffnet, und wenn der Wind auf die Küste zuwehte, würde er unweigerlich das Packeis mit sich bringen.

Auf den Spuren Amundsens

Zwei Tage nach unserer Ankunft in der Bucht ist unsere Yacht wieder überholt und fahrbereit. In Resolute kreuzen sich die Wege, von hier aus kann man die verschiedensten Routen wählen, um das Beaufort-Meer zu erreichen. Wir müssen uns also hier entscheiden, welchem Kurs wir folgen wollen. Wir könnten über die Barrow Strait in den Melville Sound vorstoßen und dann durch die Prince of Wales Strait in den Amundsen

Gulf gelangen. Das wäre der Weg, den die *St. Roch* 1944 bei ihrer denkwürdigen Rückfahrt benutzte. Die andere Möglichkeit wäre die Route von Amundsen mit einigen Varianten. Der Norweger hatte die Barrow Strait durch den Peel Sound verlassen und kam über die Franklin und James Ross Strait in den Queen Maud Gulf.

Diese Strecke, die südöstlich an der King-William-Insel vorbeiführt, ist seither nie wieder befahren worden. Auf der Karte ist sie die längste, und vom technischen Standpunkt aus bilden Ross, Rae und Simpson Strait und die Passage von Storis, alle ziemlich seicht und voller Windungen, sehr große Navigationsprobleme. Ganz besonders dann, wenn die Eisbänke einen zwingen, vom eingezeichneten Fahrwasser abzuweichen. Trotzdem ist das die Strecke, die wir nehmen müssen. Die letzten Eisberichte sprechen von unüberwindlichen Kompakteismassen, die den westlichen Ausgang der Barrow Strait und die gesamte Melville-Passage sperren. Resolute Bay hingegen ist nicht sicher genug, um hier eine – höchst unwahrscheinliche – Entspannung der Lage abzuwarten. Ich muß also mein Glück versuchen und den Peel Sound nehmen.

Bei meinem letzten Besuch auf dem Luftstützpunkt wird mir ein Telegramm mit einer unangenehmen Nachricht überreicht. Darin teilt mir die kanadische Küstenwache mit, daß für ein so kleines Boot die Bedingungen zu ungünstig seien und sie mir deshalb dringend rieten, noch abzuwarten. Diese Nachricht schmettert mich nieder. Ich frage mich, wer in Ottawa genügend Sachverstand hat, um die Eisfestigkeit der *Williwaw* beurteilen zu können. Die Verantwortung trage schließlich ich. Andererseits kann ich diesen Hinweis auch nicht einfach ignorieren, denn das Navigieren im Eis ist niemals absolut sicher, und es wäre regelrechte Dummheit, sich dem Vorwurf „Man hat Sie ja vorher gewarnt!" auszusetzen, der unweigerlich auf jede noch so kleine Panne folgen würde. Es bleibt mir wohl nichts anderes übrig, als meinen Aufenthalt etwas zu verlängern. Zu meinem Glück verlautet am nächsten Morgen aus anderer Quelle, daß sich im Peel Sound eine Küsten-Polynie (schiffbare Fahrrinne im Packeis) bildet. Das ist meine Chance.

Jean-Louis, der noch immer unentschieden ist, ob er an Bord bleiben soll oder nicht, hat mir angeboten, mich noch bis Cambridge Bay zu begleiten, von wo er per Flugzeug Montreal oder Pond Inlet erreichen kann. Seit ich ihn mit mehr Gelassenheit betrachte, sind unsere Beziehungen viel weniger gespannt. Ich habe nicht mehr den Ehrgeiz, ihn auf meine Prinzipien von der christlichen Seefahrt einzuschwören, und es kränkt mich auch nicht mehr so, wenn unsere Gesichtspunkte voneinander abweichen. Natürlich freue ich mich darüber, daß er noch bleibt, und ich hoffe, die Strecke zwischen Resolute und Cambridge Bay wird ihm Spaß machen. Wir verbringen einen letzten Abend mit Maurice und Cathy. Nie werde ich ihnen ihre Freundlichkeit und ihr Vertrauen in unseren Erfolg vergessen.

Am Samstag, dem 13. August, verlassen wir um 14 Uhr Resolute und nehmen Kurs auf Peel Sound. Der Himmel ist grau, und die steife Brise zwingt uns, die Kragen hochzuschlagen, damit wir die Kälte nicht so spüren.

Im Umkreis der Griffith-Insel hat sich das Eis hoch aufgetürmt und erschwert das Vorwärtskommen. Wir lavieren von Fahrrinne zu Fahrrinne, drehen und wenden in alle Richtungen und sind glücklich, daß wir uns nach der Position der Insel richten können. Am späten Nachmittag bricht die Sonne durch die Wolken, und schlagartig wird es leichter, die Richtung zu bestimmen. Wenig später taucht zur Linken Somerset Island auf, und um 20 Uhr 45 fahren wir in den Peel Sound ein. Zwischen Pressure Point – welch vielsagender Name – und dem Cape Granite erstreckt sich die weite Aston Bay, deren südliches Ufer nach Westen herausragt.

Um 21 Uhr treffen wir auf dichtes Packeis; ich beschließe, nach einer Öffnung zu suchen, um ein Stück in die Bucht vorzustoßen. Nicht zu weit natürlich, denn sie scheint noch nicht erforscht zu sein, und die Karte gibt keine Hinweise auf die Wassertiefen. Der Nordwind muß das Eis gegen die Küste gedrückt haben, aber da die Flut fällt, nehme ich an, daß das Wasser, das aus der Bucht herausfließt, unmittelbar an das Kap heranspült und wir in Festlandnähe ein wenig offenes Wasser finden können.

Zuerst heißt es die Öffnung der Aston Bay finden, und wieder einmal kommen wir nur in Schleifen und Kehren voran. Wir sind äußerst konzentriert – mit der Gefahr wächst die Angst! Sie ist nur allzu begründet, denn es wird Abend. In der vergangenen Nacht war die Sonne zum Teil hinter dem Horizont verborgen, und heute wird es zweifellos ganz Nacht werden. Das Eis ist dann nicht mehr zu sehen, so daß unsere anderen Sinnesorgane unsere Augen ersetzen müssen: das Gehör verfolgt das Knirschen des Eises, der Spürsinn einen eventuellen Temperaturrückgang – und trotz allem kann der Aufprall auf das Eis ohne jede Vorwarnung geschehen. Keine Frage, in dieser Nacht werden wir keinen Meter weiter kommen! Das Schiff, durch den Anker gehalten, wird den Druck der Eisschollen auszuhalten haben, die in unterschiedlichster Geschwindigkeit heranbrausen. Vor Einbruch der Nacht müssen wir unbedingt von diesem Cape Granite loskommen, denn hier im Eingang der Bucht sind wir am meisten gefährdet. Um 23 Uhr beginnt sich das Packeis zu öffnen, und ich kann etwas aufatmen. Auf den ersten Blick war die Entscheidung richtig, die Partie scheint momentan gewonnen!

Um 0 Uhr 5 erreichen wir ein Inselchen, das über das Cape Granite hinausragt. Das Wasser ist praktisch offen – gottlob, wir kommen durch! Die Sonne steht unter dem Horizont, aber die Nacht ist nicht vollkommen schwarz, und wir können noch etwas Fahrt machen. Um 8 Uhr in der Frühe liegt Bear Island auf unserer Höhe. Seit sich das Packeis geöffnet hat, fahren wir zwischen vereinzelten Eisbrocken („scattered ice" ist der Fachausdruck) und kommen relativ problemlos voran. Es ist warm geworden: 4 Grad außen, 7 Grad in der Kabine.

Seit Resolute Bay ist die magnetische Abweichung des Kompasses von 70° auf 20° West zurückgegangen, und bald wird sie theoretisch null sein. Aber diese präzisen Angaben haben nur dokumentarischen Wert; hier ist der Kompaß so unnütz wie ein Tropenhelm! Am 14. August segeln wir um 14 Uhr um den kleinen Archipel La Roquette herum, nachdem wir einen kurzen Augenblick von einem dicken Eisblock, der sich bei den Inselchen festgesetzt hatte, gebremst worden waren. Um 16 Uhr verlassen wir den Peel Sound und nähern uns der Franklin Strait, die Somerset Island von der Halbinsel Boothia trennt.

In den Jahren 1858 und 1859 versuchte Mc Clintock mehrere Male vergeblich, den Westeingang der Bellot Strait zu finden. Er blieb zwei Jahre lang in den Gewässern gefangen, die wir im Augenblick durchkreuzen. Da bekommt man eine Gänsehaut!

Die gewundene Durchfahrt wird von hohen Ufern begrenzt, und im bleiernen Licht eines bedeckten Horizonts erscheint sie wie eine lächerlich kleine Spalte zwischen zwei Wänden. Der Himmel hat sich bedrohlich zusammengezogen, Wolken türmen sich hoch oben

Die friedliche Stimmung trügt

über der Steilküste. Von Ferne dröhnt das Grollen des
Eises, das sich, durch die starke Strömung angezogen,
an dem Granit bricht und sich in der Enge der Durchfahrt zusammenballt. Die Eismassen werden durchein-
andergewirbelt, türmen sich übereinander, reiben sich
aneinander, und in dem Chaos, das die vergängliche
Materie verursacht, bestätigen Ebbe und Flut uner-
schütterlich bei jedem Gezeitenwechsel die Dauerhaf-
tigkeit des Unbeständigen. Werden wir zu Staub werden, werden wir zu Eis werden? Es ist unwichtig, alles
ist ewige Wiederkehr!

48 Stunden habe ich nicht geschlafen. Aber das soll nicht heißen, daß Jean-Louis sich vor irgend etwas drückte, im Gegenteil. Wir stehen oft zusammen im Cockpit, der eine hat das Packeis im Blick und sucht nach der längsten und breitesten Polynie, der andere steuert nach seinen Angaben. Wenn die Umstände es erlauben, schläft Jean-Louis ein wenig. Es führt zu nichts, wenn beide Partner müde sind, klüger ist es, wenn sich nicht beide völlig verausgaben.

Der erste brauchbare Unterschlupf bietet sich im Bereich der Tasmanischen Inseln, 25 Meilen weiter südlich. Wir müssen noch etwas durchhalten. Wir werden es vielleicht nicht bis zum Anbruch der Nacht schaffen, aber wenn die Verhältnisse gleich bleiben, können wir uns mit dem Scheinwerfer helfen. Jetzt kommt uns die Erfahrung zugute, die wir bei den Roquette-Inseln gemacht haben. Wir müssen darauf gefaßt sein, an der Nordseite des Tasmanischen Archipels auf eine weitere Barriere zu stoßen. Wahrscheinlich hat die Gezeitenströmung, die in den Shortland Channel eindringt, wo sich der Ankerplatz befindet, einen Teil des Eises vertrieben, und mit etwas Glück können wir uns vielleicht an den Hindernissen vorbeidrücken.

Um 22 Uhr umrunden wir Cape Hobson, wobei wir ganz knapp das Festland schneiden. Wir finden hier dieselben Bedingungen vor wie gestern beim Cape Granite am Eingang zum Peel Sound. Dieses Mal ist es das Wasser aus dem Wrottesley Inlet, das bis an das

Cape heranspült. Schnell rechne ich mir aus, daß unsere Ankunft an den Tasmanischen Inseln mit der Ebbe zusammenfallen wird. Da die Karte keine Tiefenwerte angibt, werden wir höllisch aufpassen müssen und wenn möglich ein wenig aufs offene Meer hinausfahren.

Um 22 Uhr 30 treffen wir auf die erwartete Sperre. Glücklicherweise besteht sie aus einjährigem, schon relativ brüchigem Eis, und ich befürchte keine direkte Gefahr für das Boot. Wir müssen die Eisschollen jedoch exakt umfahren, und während Jean-Louis am Ruder steht, überwache ich gleichzeitig Radar und Echolot. Ich versuche von jeder Insel eine Peilung zu nehmen und fertige mir eine Kopie von jedem Radarbild an, um genau orientiert zu sein, wenn es dunkel wird. Am Ende geht alles gut, und als das letzte Licht erloschen ist, habe ich mit großer Sicherheit das Radarbild vom Eingang des Shortland Channel bestimmt. Wir kommen nur langsam vorwärts. Der Motor läuft, wir haben die Segel geborgen. Jean-Louis' Augen sind nach vorne gerichtet, und meine gehen zwischen Radar und Echolot hin und her. Endlich, um 23 Uhr 30, unterbricht das Geräusch der fallenden Ankerkette den unsagbaren Frieden unseres Ankerplatzes. Dank sei der Vorsehung, der großen Unbekannten, die uns hierher geführt hat!

Wir sind fix und fertig, müssen aber unbedingt noch etwas Warmes essen, bevor wir uns schlafen legen. Wir wechseln nur ein paar Worte, mehr ist auch nicht nötig. Wir sind beide unendlich erleichtert, daß wir es bis hierher geschafft haben. Die paar Sätze, die wir sagen, sind gleichzeitig Selbstgespräche und Zwiegespräche. Es spielt keine Rolle, wer sie ausspricht, sie liegen jedem auf den Lippen.

„Bei den Roquettes habe ich geglaubt, jetzt ist alles aus..." – „Und weißt du noch, bei der Bellot?" – „Was für ein Gefühl, als ich plötzlich sah, wie sich der Grund anhob, hier gleich bei der kleinen Insel!" – „... morgen wird aber Brot gebacken." – „Morgen schlafen wir uns aus, kein Grund zur Aufregung..." – „Das Wetter scheint sich zu verschlechtern, es ist besser, wir warten ab, wie sich alles entwickelt..." – „Wann war eigentlich Amundsen genau hier? Wir müssen eine Woche im voraus sein..." – „Nicht übel, die Spaghetti! Willst du noch welche?" – „Gut, ich geh jetzt schlafen. Der Anker scheint gefaßt zu haben, es wird schon schiefgehen..." – „Gute Nacht und schlaf gut..." – „Vergiß nicht den Ofen auszuschalten..." – „Was für ein Glück wir heute hatten! Seit Resolute Bay haben wir 220 Meilen gemacht, einfach phantastisch!"

Wir sitzen fest

Mit dem ersten Tageslicht des 16. August stehe ich auf und verweile ein wenig an Deck. Das kann ich mir leisten, weil wir ruhig ankern. Der Himmel ist bedeckt, es ist windstill, und das Wasser der kleinen Meerenge, in der wir Schutz gefunden haben, ist glatt wie ein Spiegel. Einige dahintreibende Eisschollen zeugen vom Wiederansteigen des Untergrundes, ich sehe auf eine Sandbank, an der ein Flüßchen seine klaren Wasser in ein winziges Delta leitet.

Gegen 7 Uhr lichten wir den Anker und nehmen Kurs auf Shortland Channel, von wo aus wir den Tasmanischen Archipel umrunden wollen. Kurz nach 8 Uhr haben wir es schon geschafft und sind angenehm überrascht, südlich der Inseln kein Eis vorzufinden. Phantastisch, daß wir wieder einmal richtig geankert haben, so können wir uns ein wenig von dem Streß erholen und ausgiebig schlafen. Das offene Wasser ist eine wahre Wohltat! Doch diesem Seufzer fehlt die Überzeugungskraft. Es kann einfach nicht so glatt weitergehen, wie bisher. Die Funkstation der *Louis St. Laurent* bestätigt es mir ohne Umschweife: „Südlich Ihres Standortes zehn Zehntel mehrjähriges Eis. Da kommen Sie nie und nimmer durch."

Der Luftstützpunkt Resolute Bay hatte Schwierigkeiten mit der Funkverbindung und signalisierte uns die Position der *Louis St. Laurent*, einem kanadischen Eisbrecher, der von Ottawa aus die *Baffin* bei ihren topographischen Aufzeichnungen im Südosten von King William Island unterstützt. Mit ihrer Hilfe können wir unsere Position an Frobisher Bay übermitteln lassen. Damit leisten wir den Auflagen der kanadischen

Küstenwache Folge und können bei der Gelegenheit auch Auskunft über den Zustand des Eises erhalten. Seltsamerweise scheint die *Louis* mich nicht gut zu verstehen; ich bekam erst Antwort, als die *Baffin*, die mich offensichtlich besser empfing, ihr meinen Funkspruch weitergab. Nun ja, unsere Positionen kommen sich näher, je schneller wir vorankommen, und dann wird auch die Verbindung leichter werden. Trotz der ungünstigen Vorhersagen bleibe ich zuversichtlich. Die Erfahrung hat uns gelehrt, daß nichts unbeständiger ist als das Eis, während leider andererseits nichts langlebiger zu sein scheint als ein Bericht über den Zustand des Packeises.

Immerhin, im Moment kommen wir noch mühelos vorwärts. Pasley Bay, wo die *St. Roch* 1941/42 überwintern mußte, liegt 40 Meilen südlich. Nachmittags passieren wir die Pasley Bay, von der drei Meeresarme abzweigen: nach Süden, Südosten und Nordosten. Mehrere Flüsse ergießen sich in den dritten Arm, und deshalb liegt die Vermutung nahe, daß er weniger vereist ist als die beiden anderen.

Mitten in der Bucht nimmt die Wassertiefe plötzlich ab, und man kann mühelos bis auf den Grund sehen. Das paßt mir überhaupt nicht. Die Karte gibt an dieser Stelle keinerlei Hinweise auf die Wassertiefe, und ich habe natürlich Angst, auf Grund zu laufen. Jean-Louis steht auf seinem Posten vor dem Echolot und kündigt mir regelmäßig die kritischen Momente an. Die Segel sind geborgen, um die Geschwindigkeit zu vermindern. Wir sind mindestens zwei Meilen von der Küste entfernt, und es überrascht mich, hier so seichtes Wasser vorzufinden. Doch dann nimmt nach und nach die Wassertiefe wieder zu – und der Streß läßt im gleichen Maße nach. Allerdings nicht ganz – ich sehe nämlich rechts am Horizont den weißlichen Schimmer des „iceblink". Das Eis ist also nicht weit, und offenbar befinden wir uns in einem offenen Wasserarm, der seitlich von Packeis begrenzt wird. Es ist fast windstill, aber am Himmel zieht eine uniforme Masse von Schichtwolken auf. Besorgt frage ich mich, wie sich das Wetter entwickeln wird. Langsam, aber stetig verbreitert sich der iceblink vor uns, und das bedeutet, daß wir bald festsitzen werden.

Die Küste bietet keinen Windschutz außer gegen Ostwind, und die nächste Bucht ist 45 Meilen entfernt. Sollte der Wind auf West drehen, würde sich unsere Lage dramatisch verschlechtern.

Es muß gegen 19 Uhr sein, als wir auf Packeis stoßen. Das Cape Francis ist nur noch wenige Meilen entfernt, und dahinter hoffe ich genügend offenes Wasser zu finden, um die Kent Bay zu erreichen. Aber bis dahin ist es noch weit, und der Anblick des Himmels verrät mir nicht, wie es weitergehen soll.

Nachdem wir das Kap mit Mühe und Not hinter uns gebracht haben, sitzen wir um 20 Uhr endgültig fest. Kein Ausgang ist mehr offen, wir befinden uns mitten im mehrjährigen Eis, wie es uns die *Louis St. Laurent* vorausgesagt hat.

„Verdammt, das hat uns gerade noch gefehlt! Und Pasley Bay liegt 30 Meilen hinter uns..." Aber wer weiß, vielleicht müssen wir doch nicht vom Kurs abgehen...

Wir haben eine Wende gemacht und segeln jetzt mit halber Kraft, um die *Williwaw* loszubekommen und zu verhindern, daß sie durch die Verschiebungen des Packeises überrascht und endgültig zu seiner Gefangenen wird.

„Jean-Louis, wir drehen um, mach schnell!"

Inzwischen hat der Wind auf West gedreht und liefert uns unbarmherzig der Umklammerung durch das Packeis aus. Wenn wir nur die Pasley Bay erreichen könnten, bevor die Abdrift uns auf die Küste zutreiben läßt! Es ist fast 21 Uhr, die Nacht bricht an. Es hat zu schneien begonnen. Jean-Louis ist vorn auf seinem Posten, während ich innen mit Radar zu steuern versuche und die Wassertiefe kontrolliere. Es kommt immer mehr Wind auf, und die Sicht verschlechtert sich. Jean-Louis hat große Schwierigkeiten, das Eis früh genug zu entdekken. Das Radargerät ist durch den wieder einsetzenden Schneefall gestört, so daß die Ergebnisse äußerst schwierig auszuwerten sind. Außerdem schwankt die Wassertiefe ganz erheblich, und aufgeregt folge ich Punkt für Punkt der Linie, die die Leuchtnadel des Echolots vom Grund aufzeichnet.

Die *St. Roch* hatte sich am 6. September 1941 in ähnlicher Lage gezwungen gesehen, ihre Zuflucht in der Bucht zu suchen. Erst im August des folgendes Jahres konnte sie wieder auslaufen, nachdem das Eis sie ein Jahr lang gefangengehalten hatte. Wer weiß, vielleicht wird es uns genauso ergehen? Uns sind die Hände gebunden, wir haben keine Möglichkeit, in den Gang der Dinge einzugreifen, außer uns wie die *St. Roch* eiligst in den Schutz der Bucht zu begeben. Wenn sich der Druck des Packeises von außen verstärkt und die Bucht sich schließt, so ist es wesentlich leichter, in ihrem Schutz als draußen zu überwintern. Henri Larsen, der Kapitän der *St. Roch,* hat zum Glück in seinem Tagebuch erwähnt, daß er in dem nördlichen Arm der Bucht auf ein Riff gestoßen ist. Dieser Hinweis ist Gold wert. Wir werden höllisch aufpassen müssen, damit es uns nicht zum Verhängnis wird.

Um 23 Uhr 23 passieren wir erneut Cape Alexander, das wir erst heute nachmittag um 18 Uhr 18 in so guter Stimmung umsegelt hatten. Der Wind bläst jetzt sehr heftig. Er ist durch das Packeis noch kälter geworden und treibt Schnee vor sich her, der uns fast blind macht. Dennoch ist das Meer nur mäßig bewegt – ein Zeichen für die Nähe des Packeises. Großer Gott, wenn wir nur noch rechtzeitig durchkommen!

Trotz gesetzter Segel stampft der Motor mit voller Kraft, um die Höchstgeschwindigkeit des Schiffes zu halten. Wir haben nur ein Ziel vor Augen: möglichst schnell weiterzukommen! Auf die kleinste Information, ob sie von Jean-Louis, über Radar oder das Echolot kommt, reagiere ich überlegt. Jean-Louis tut sein Bestes, mir sofort gefährliche Zusammenballungen zu melden, und manchmal entgehen wir nur um Haaresbreite dem brutalen Zusammenstoß mit dem Eis. Die Wassertiefen sind sehr unterschiedlich, und mehr als einmal springe ich, wie von einer Feder geschnellt, hoch, um beizudrehen, während im selben Augenblick die Kurve des Bodenanstiegs sich wieder neigt und steil nach unten abfällt. Ich bin mir der großen Gefahr, in der wir schweben, und auch meiner Verantwortung gegenüber Jean-Louis sehr wohl bewußt. Ich darf nicht das Unmögliche versuchen, das uns am Ende zugrunde richten würde, sondern muß das Mögliche, das in meinen Kräften steht, anstreben. Ich bin hellwach, meine Pupillen sind übermäßig geweitet, mein Gehör derart geschärft, daß es trotz des mich umgebenden Lärms nur die Geräusche registriert, auf die es ankommt. Meine Fähigkeit, einzelne Fakten gleich richtig einzuordnen, scheint sich verzehnfacht zu haben, und mein Bewegungszentrum spricht auf jeden Impuls an.

Seit wir Cape Alexander hinter uns gelassen haben, verfolge ich auf dem Radarschirm den Küstenverlauf. Sorgfältig habe ich die Uhrzeit notiert, und weil ich genügend Erfahrung habe, um die Geschwindigkeit des Schiffes zu schätzen, kann ich trotz der Umwege, die wir wegen der Eismassen fahren müssen, die zurückgelegte Strecke ziemlich genau berechnen. Als das Radargerät mir rechterhand eine Öffnung anzeigt, weiß ich, daß es sich um keine Einbildung handelt, sondern daß wir tatsächlich die Bucht vor uns haben. Sicherheitshalber bleiben wir noch für einen Augenblick außerhalb des Eingangs und lassen uns dann mit verminderter Geschwindigkeit mitten in sie hineintreiben. Erst als wir sicher sind, daß alles klar ist, steuern wir mit voller Kraft unseren Hafen an.

Es ist schwarz wie in einem Tunnel, und der Schnee fällt in dichten Flocken. Aber die erste Runde ist gewonnen, wir haben den schützenden Unterschlupf erreicht! Nun müssen wir einen Ankerplatz finden. Mit allergrößter Vorsicht passieren wir die vorspringenden Punkte der Küste und entscheiden uns schließlich für den nördlichen Arm. Beide Ufer sind deutlich auf dem Radarschirm zu sehen, und wenn wir uns genau in der Mitte halten, dürfte es keine Probleme geben. Allerdings ist das Wasser zu tief, als daß wir beliebig irgendwo ankern könnten. Ich muß die ganze Strecke noch einmal abfahren, weil ich ja durch das Mißgeschick der *St. Roch* weiß, daß es gefährliche Unterwasserhindernisse gibt. Die Spannung wächst; ich zwinge mich zur Ruhe.

Ich starre unentwegt auf das Echolot. Jean-Louis hat die Segel geborgen, damit wir ungestört manövrieren können. Da steigt der Grund schlagartig an, wir stop-

pen augenblicklich! Es ist jedoch blinder Alarm. Wir
können immer noch nicht ankern. Rund um den spitzen
Kegel ist das Wasser sehr tief, und wir nehmen mit
gedrosselter Geschwindigkeit wieder einen Anlauf. Da
zeigt das Echolot eine neue Untiefe an – wir haben
gerade noch Zeit, das Ruder umzulegen und zu stoppen. Ich warte darauf, daß wir aufsitzen, aber unser
braves Schiff umgeht das Hindernis um Haaresbreite.
Wir kehren um und ankern in der Nähe. Wir haben den
17. August, 2 Uhr 15.

Ich werde vom Lärm an Deck geweckt. Es ist heller
Tag. Nach alter Gewohnheit rede ich mit mir selbst:
„Da ist doch jemand . . . Was ist denn nun schon wieder
los?"

Mit einem Satz springe ich von meinem Lager hoch
und sehe durch das Bullauge, daß sich einige Eskimos an
Bord geschwungen haben. Ich greife nach einem Pullover und stürze nach draußen. Sie sind zu fünft oder
sechst.

„Hello!"

„Hi!"

Der Kleinste von ihnen wendet sich in korrektem
Englisch an mich und bittet: „Please, sind Sie so freundlich, sich dort hinzustellen . . . Nein, ein wenig näher zu
mir, wenn's geht . . . Lächeln Sie doch mal! So ist es
gut . . . Jetzt nicht bewegen, please!" Und dabei zieht er
unter seinem Parka eine fabelhafte Pentax hervor und
macht einige Fotos.

144

„Thanks!"

Da soll noch einer mitkommen! Wie schnell sich die Welt verändert... Die Eskimos, die auf dem gegenüberliegenden Ufer ihr Lager aufgeschlagen haben, sind gekommen, um uns um Zucker zu bitten. Sie sind gerade von der Spencer Bay, zweihundert Meilen südöstlich, zurückgekehrt, wo sie vom Boot aus gejagt haben. Sie könnten uns Rentierfleisch überlassen, weil sie gute Beute gemacht haben.

„Abgemacht. Drei Kilo Zucker für einen Rentierbraten."

Inzwischen hat Jean-Louis sich zu uns gesellt, und wir plaudern noch ein wenig. Wir erzählen ihnen von unseren Schwierigkeiten, vorwärtszukommen, aber das berührt sie kaum. Wenn wir nicht zurückkämen, meinen sie, würde der Hubschrauber geschickt, um nach uns zu suchen. Jean-Louis verteilt Zigaretten, und ich kümmere mich um den Zucker. Und bevor unsere Besucher wieder von Bord gehen, bitte ich sie, meinerseits von ihnen ein paar Fotos machen zu dürfen. Dann kehren sie in ihr Lager zurück.

Schon auf den ersten Blick können wir die Farbveränderung des Wassers feststellen, die das Riff signalisiert, an dem wir beinahe gestrandet wären. Wie von Larsen beschrieben, liegt es zwischen zwei kleinen Flüssen. Und wir verstehen, daß Henri Larsen ihm nicht hat ausweichen können. Auf der *St. Roch* lag der Sender des Echolots hinter dem Ankerkasten, und bei dieser Lage maß der Mann am Echolot immer noch 18 Meter Wassertiefe, während der Vordersteven längst aufgelaufen war!

Nebenbei bemerkt: Für Larsen und seine Mannschaft empfinde ich große Achtung. Keine Bucht, keine Fahrrinne, keine Meerenge in der westlichen Arktis, wo das kanadische Polizeischiff sich nicht hineingewagt hätte. Henri Larsen war aber nicht nur ein ausgezeichneter Seemann, sondern auch ein Mensch mit Herz. Während die *St. Roch* überwintern mußte, starb ein Besatzungsmitglied an einer Herzkrankheit. Der bedauernswerte Matrose wurde an Ort und Stelle hier an diesem Ufer begraben. Henri Larsen unternahm eine mehrwöchige Reise im Hundeschlitten, um auf Wunsch des Toten einen katholischen Priester zu holen, der ihn noch vor Winterende einsegnete.

Der Kampf wird härter

Aufgrund der ungünstigen klimatischen Bedingungen mußten wir bis zum 22. August in Pasley Bay bleiben. Der Aufenthalt war alles andere als geruhsam, wie aus meinem Logbuch hervorgeht, aus dem ich weiter unten zitiere.

Durch die Vermittlung meiner Funkamateurfreunde in Belgien und Montreal hatte ich inzwischen Nachrichten von der *Bernier* bekommen. Danach haben die Kanadier das Bergwerk im Strathcona Sound einige Tage nach uns verlassen. Ihre Antriebswelle konnten sie ersetzen und den Motor fachgerecht montieren lassen. In diesen Tagen müßten sie in Resolute Bay eingetroffen sein. Ich habe ihnen unsere Position und unsere Eindrücke von den Ankerplätzen im Shortland Channel mitgeteilt, um ihnen das Navigieren zu erleichtern. Wir sind jetzt mehr denn je auf Funkkontakte angewiesen. Seit ich mich in der kanadischen Arktis befinde, stehe ich mit Harry in Vancouver in Verbindung. Der Funker ist von angenehmer Liebenswürdigkeit, die sich hinter einem vorwiegend sachlichen Ton verbirgt. Er meldet sich auf die Sekunde pünktlich, kein unnötiges Wort kommt aus seinem Mund, seine Anweisungen sind kurz und bündig. Ich bin aber durch diese kühle Art keineswegs irritiert, denn ich weiß, daß sich hinter dieser Fassade ein mitfühlendes Herz verbirgt.

Hier folgt nun ein Auszug aus dem Logbuch über den Aufenthalt in Pasley Bay.

17. August 1977
15 Uhr 15: Besuch von Eskimo-Jägern
16 Uhr: Ich ersetze die Papierrolle des Echolotes.
23 Uhr: Südwind! Das Eis, das den Meeresarm bedeckt, treibt auf uns zu und behindert uns, weil wir wegen des seichten Grundes nicht zurückstoßen können. Ich entschließe mich,

weiterzufahren und im südlichen Arm zu ankern.

18. August

1 Uhr 30: Wir ankern jetzt in dem anderen Arm. Wind von Süd, Stärke 6, Barometer fällt.

11 Uhr 40: Der Wind hat im Laufe der Nacht auf West gedreht, einige Eisschollen kommen auf uns zu. Beschließe darum, auf dem Ufer gegenüber zu ankern.

17 Uhr 15: Der Wind dreht ständig zwischen Ost-Nord-Ost, und das Ankern wird ungemütlich. Die Eisschollen drücken auf die Ankerkette, und man muß ständig manövrieren, um diese zu entlasten. Wenn nur der Wind nicht auf West dreht!

19. August

11 Uhr 20: Wind aus West! Im Laufe der Nacht hat sich der Anker gelöst. Aus Sicherheitsgründen ist es unumgänglich, in den Nordarm überzuwechseln. Westwind, Stärke 8, bewegte See, Schnee, Kälte, Frost!

14 Uhr 30: Im Nordarm vor Anker gegangen. Der Wind weht vom Lande her.

20. August

Den ganzen Tag Sturm! Westwind – Schlimmeres kann uns kaum passieren!

21. August

0 Uhr 40: Hurra, der Wind hat nach Osten gedreht, Stärke 7. Wir fühlen uns nicht mehr sicher bei dem auflandigen Wind. Beschließe, gegenüber zu ankern.

6 Uhr 15: Manöver beendet. Die Eskimos haben während des heftigen Sturmes ihr Lager gewechselt. Ich glaube nicht, daß sie uns jetzt noch den versprochenen Rentierbraten vorbeibringen. Dabei haben wir keinen schlechten Hunger!

Am Morgen des 22. August scheint sich das Wetter für einige Tage zu bessern. Das Barometer steigt, und nur ein leichter Westwind läßt die Flagge wehen.

Die *Louis St. Laurent* mag uns nicht. Ich muß die Station mehrmals rufen, bevor sie geruht, mir zu antworten. Heute morgen beispielsweise rief ich sie eine geschlagene Viertelstunde, bis die Station der Küstenwache sich endlich einschaltete. Der Eisbericht, den sie mir mit interesseloser Stimme durchgeben, ist immer der gleiche: „Zehn Zehntel mehrjähriges Polareis", begleitet von einem „Das schaffen Sie nie." Als Antwort auf meine dringende Frage, wie die Entwicklung wahrscheinlich aussehen wird, nur ein trockenes: „Es wird immer schlechter!" Kein Funken Mitgefühl, kein Zeichen von Kameradschaft!

Aber ich denke gar nicht daran, mich in irgendeiner

Weise beirren zu lassen. Wir segeln auf der Stelle los und fahren eben zurück, wenn es nicht weitergeht.

Kurz nach sieben Uhr sind wir soweit. Die Bucht ist vollkommen eisfrei, der gestrige Westwind hat das Eis aufs offene Meer hinausgetrieben, und nachdem wir nun zum dritten Mal Cape Alexander umfahren haben, treffen wir auf vereinzelte mit Erde vermischte Eisschollen. Offensichtlich sind sie bei dem stürmischen Westwind gegen das Ufer gepreßt worden, jetzt befinden sie sich zwei Kilometer seewärts. Das bestätigt uns, daß das Packeis sich von der Küste abgesetzt hat. Ob das unsere Chance ist? Auf jeden Fall war es richtig, zurückzufahren und in der Pasley Bay zu ankern. Wären wir mit dem Weststurm herausgetrieben worden, hätte uns das Eis gegen das Ufer gedrückt und vielleicht Kleinholz aus uns gemacht.

Heute allerdings ist die Lage viel besser: Der Südwind ist sanft, die Sicht ganz ausgezeichnet, und – vor allem – das Wetter scheint stabil zu bleiben! Gegen 11 Uhr, kurz vor Cape Francis, wird das Eis sehr viel dicker, und schlagartig wird die Fahrt schwierig. Wieder müssen wir nach einem Durchschlupf suchen und ab und zu harte Zusammenstöße von Eis und Schiffsrumpf ertragen. Um das Schiff ein wenig zu entlasten, haben wir uns relativ offenes küstennahes Wasser gesucht. Dafür wird die Gefahr, auf Grund zu laufen, größer. Dazu kommt noch die Angst, daß die Schiffsschraube beschädigt werden könnte, die Befürchtung, daß der Motor einfriert, daß wir die Nacht im Packeis verbringen müssen, daß wir ganz im Eis gefangen sein werden usw. Diese Strecke konfrontiert uns mit tausend Problemen. Das ärgste wäre es, wenn alle auf einmal über uns hereinbrächen.

Wir nehmen uns vor, die Kent Bay anzusteuern und dort die Nacht zu verbringen, was aber noch 40 Meilen Fahrt bedeutet, 40 Meilen ohne den geringsten Schutz! Wäre das Wetter nicht so günstig, es wäre der reine Wahnsinn. Auf der Höhe von Cape Francis sind wir dann blockiert. Alles ist zu, kein Ausgang ist zu sehen. Das Boot macht keine Fahrt, die Segel sind geborgen. Vor uns, rechts, links, nichts als geschlossenes undurchdringliches Packeis. Ich bitte Jean-Louis, auf den Mast zu steigen und mir die Lage von oben zu beschreiben.

„Da kommen wir nicht durch. Willy! Alles weiß vor uns!"

Ich bin drauf und dran zu wenden, schweren Herzens natürlich, das Scheitern vor Augen. Aber dann kommt mir die Erleuchtung!

„Jean-Louis, dreh dich mal um 180 Grad und schau nach hinten, da wo wir herkommen, und beschreib mir die Situation."

„Mach ich, Willy . . . Aber um ehrlich zu sein, ich sehe keinen Unterschied! Es ist alles genauso zu wie vorne."

„Also gut, in diesem Fall haben wir keine Wahl, wir müssen weiter, koste es, was es wolle!"

Langsam tasten wir uns vor, stoßen durch die Eisschollen, balancieren von einer Rinne zur andern,
gewinnen Meter für Meter. Dann zeigt sich am Horizont zwischen all dem Eis ein blauer Fleck. Eine
Fahrrinne? Wer weiß...

Wieviel Zeit mögen wir bis dahin gebraucht haben?
Eine, zwei, drei, vier Stunden? Ich weiß es nicht. Ich
hatte auch keine Zeit, das Logbuch zu führen. Irgendwie haben wir es schließlich geschafft, und abends, als
wir immer noch dabei sind, das Eis zu überlisten,
nähern wir uns Kent Bay. Unser Unterschlupf ist in
Reichweite.

Wir balancieren von einer Rinne zur anderen

Ich beginne mich langsam zu entspannen. Ich bin Jean-Louis dankbar, daß er mir den Zustand der Eisbänke sachlich und nicht beschönigend beschrieben hat. Das war nicht einfach; unsere Sicherheit hing zu einem großen Teil von seiner Einschätzung der Lage ab. Es spricht für ihn, daß er sich mir bedingungslos unterordnete, obschon er vielleicht anderer Meinung war.

„Der Grund! Verdammt, er kommt auf uns zu! Stopp den Motor, rasch!"

Wir berühren Grund, einmal, zweimal, ganz sanft, ohne daß etwas passiert.

„Ein Glück, daß ich den Grund früh genug gesehen habe, genau zwischen zwei Schollen! Ich will versuchen, wieder seewärts zu steuern. Sag mir Bescheid, wenn es tiefer wird. Wer hätte das gedacht? Wo wir noch mindestens drei Meilen von der Küste entfernt sind."

Langsam bahnt sich die *Williwaw* einen Weg ins offene Meer. Die Untiefe hat eine riesige Ausdehnung, und für bange Minuten ist alles ungewiß. Endlich fällt der Grund etwas ab, meine Anspannung weicht und macht einer unendlichen Müdigkeit Platz.

Ich nehme wieder Kurs auf Süd, mache mir eine kleine offene Stelle zunutze und habe mich wieder im Griff. Ich zwinge mich, regelmäßig durchzuatmen. Ich versuche, das Gehör abzuschalten, damit kein Laut von außen bis zu mir vordringt. Nur das Geräusch meines langsamen und tiefen Atems erreicht mein von allen

Gedanken entleertes Gehirn. Die Augen halb geschlossen, die Muskeln entspannt, sehe ich mir wie von außen zu. Ich sitze nicht mehr auf der Eisbank, sondern schwebe über ihr. Schon nach wenigen Minuten umfängt mich ein Gefühl des Friedens.

„Also dann, auf geht's!"

In dem Moment, als wir auf Grund liefen, hatte ich in Sekundenschnelle begriffen, daß unser schöner Schlupfwinkel in der Kent Bay sich in Luft aufgelöst hatte und wir dazu verdammt waren, die Nacht im äußeren Packeis zu verbringen. Die Angst, beinahe gestrandet zu sein, sitzt mir noch in den Knochen, aber nach dieser kleinen Pause habe ich Abstand gewonnen und bin bereit, mich der neuen Situation zu stellen. Kent Bay müssen wir uns endgültig aus dem Kopf schlagen, denn die Karte enthält keine Angaben über die Wassertiefe. Und nachdem wir schon drei Meilen von der Küste entfernt den Boden berührt haben, ist die Fahrrinne, die zum Ankerplatz führt – vorausgesetzt sie existiert überhaupt –, höchstwahrscheinlich von sehr geringer Tiefe. Jedenfalls haben wir seit Pasley Bay ganz schön unter Streß gestanden. Eine scheußliche Sache, sich in Gegenden zurechtfinden zu müssen, für die es keinerlei Tiefenmessungen gibt. Da wir aber noch oft ohne feste Angaben navigieren müssen, bleibt uns keine andere Wahl, als die Angst in den Griff zu kriegen. Deshalb ziehe ich es im Augenblick vor, das Eis zu ertragen.

Die Zauberwelt der Eislandschaft zieht uns in ihren Bann

Seit dem späten Nachmittag ist es völlig windstill, und das Wetter ist wunderschön geworden. Bis jetzt hatten wir bei unserer anstrengenden Arbeit keine Zeit, die zauberhaften Lichtreflexe über dem Packeis in der richtigen Stimmung zu genießen. Aber in diesem Augenblick, als die Sonne untergeht, ist die Landschaft von so ungewöhnlicher Schönheit, daß sie uns ganz in ihren Bann zieht. Die Sonnenstrahlen treffen horizontal auf die Eisbänke und lassen die bizarren Grate über dem schwarzen Wasser rot erglühen. Die Schattierungen wechseln in dem Maße, wie sich das Gestirn verdunkelt:

Das Schwarz des Wassers wird noch schwärzer, das Rot noch lebhafter, noch greller. Ein wahres Feenreich, ein Eisfeuer!

Dann breitet sich die Dunkelheit aus, das Fest ist zu Ende. Die Nacht überrascht uns bei Cape Gloucester, an der Einfahrt in die James Ross Strait. Wir fahren knapp an dem Kap entlang, um einer gewaltigen Packeisanhäufung auszuweichen, die an einer seichten Stelle steckengeblieben ist. Genau auf dieses Riff war einst die *Gjöa* aufgelaufen. Amundsen mußte hier einen Teil seiner Fracht abwerfen, um wieder beweglich zu werden.

Aus einem mir unerfindlichen Grund ist das Packeis bei der Einfahrt in die Straße nicht besonders dicht, während ich doch befürchtet hatte, daß es unüberwindlich wäre. Diese angenehme Überraschung wollen wir uns zunutze machen und, so lange es die Umstände erlauben, auf der Strecke bleiben. Jean-Louis hat sich mit seinem Scheinwerfer am Vorschiff aufgebaut, und ich überwache unter Deck Radar und Echolot. Schon bald beträgt die Wassertiefe nicht mehr als 5 Meter, und aufs neue packt mich die Angst.

Um 21 Uhr 37 erreichen wir in offenem Wasser eine Position quer ab zur Insel Brunton, 25 Meter tief. Ich bin müde. Ich muß mich einfach ausruhen und beschließe zu ankern. Sobald der Anker auf Grund ist, bemerke ich meinen Irrtum. Eine Strömung von vier Knoten kommt auf uns zu. Man braucht nicht viel

Phantasie, um sich vorzustellen, was passieren wird, wenn die Strömung Eisschollen mit sich führt.

„Ach, was soll's... Wenn das Eis kommt, ist immer noch Zeit, den Anker hochzuziehen. Warten wir's ab und gehen wir schlafen."

Wie lange mag ich geschlafen haben? Eine halbe Stunde, eine ganze Stunde? Ich weiß es nicht. Zuerst habe ich einen Stoß gespürt, und Sekunden später hat das Eis an der Bordwand gekratzt. Ich führe im Halbschlaf Selbstgespräche: „Ein Glück, nichts ist hängengeblieben... Steh lieber auf und sieh nach... Ich bin müde, und die Scholle ist ja vorbeigerutscht... Es werden andere nachkommen; sieh nach, sag ich dir! – Ach nein, nur noch ein wenig schlafen. Nichts geschieht, das Eis ist vorbeigeglitten..."

Meine Augen schließen sich wieder. Ein neuer Stoß erschüttert das Schiff. Ich lauere auf das Knirschen der Scholle am Schiffsrumpf, aber nichts geschieht.

„Steh auf, reiß dich zusammen! – Eine Minute noch, es geht bestimmt vorbei..."

Plötzlich höre ich das dumpfe Geräusch der Kette, die über den Grund schleift. Kein Zweifel, der Anker ist los!

„Steh auf, um Himmels willen! – Ich komme ja schon!" Ich ziehe meine Stiefel an und streife einen Pullover über. Der Mond scheint. In Sekundenschnelle bin ich im Cockpit.

„Schnell den Motor! Wenn der Anker sich verkeilt, ist

die Kette verloren!"

Ich renne nach hinten, um den Motor zu starten und die Kette zu lockern, dann fahre ich langsam an. Ich steuere hart nach backbord, um das Schiff querzustellen und die Scholle durch einen kraftvollen Rückwärtsstoß abzustreifen. Jean-Louis, der in der Bugkabine schläft, kommt gerade im richtigen Moment an Deck gelaufen, sichtlich erschreckt durch die Aufschläge, die dumpf in seiner Koje widerhallten.

„Komm schnell, wir müssen weiter! Hol den Anker hoch! Ich werde die Kette mit dem Motor unterstützen, hilf mir, daß wir die Richtung einhalten."

Das Manöver läßt sich gut an. Als der Anker oben ist, bezieht Jean-Louis wie üblich vorn Posten, und ich kehre zu meinen Instrumenten zurück. Wir segeln also weiter. Glücklicherweise spendet uns der Mond sein silbernes Licht, das Eis erscheint tiefschwarz. Gestern abend stand es in Flammen, heute nacht ist es wie tot! Ob es wahr wird, daß wir in einigen Tagen wieder unseren Frieden haben, die Angst vergessen, den Streß abstreifen? Schwarze Gedanken suchen mich heim: Ist es überhaupt sinnvoll, den Atlantik zu überqueren, die Nordwest-Passage zu bezwingen? Nein, sicher nicht. Es gibt tausend Arten, sich selbst zu verwirklichen, auf tausend verschiedenen Ebenen. Ist es denn notwendig, den Gipfel zu erklimmen?

Am 23. August, um 2 Uhr 55, haben wir die Insel Blenky erreicht und die Ross Strait hinter uns gebracht.

In schöner Nachtstimmung geht die Fahrt weiter. Nachdem wir der Strömung, die in die Straße eindringt, ausgewichen sind, wollen wir den Kurs beibehalten, solange es die Sicherheit erlaubt. Das Wasser des St.-Roch-Beckens, in das wir gerade einfahren, scheint eisfrei zu sein.

Das Becken von St. Roch trennt King William Island von der Halbinsel Boothia. Der südliche Teil verbindet sich mit der Rae Strait, die wir nun durchfahren müssen, um Gjoa Haven zu erreichen, ein kleines Eskimodorf an der Südküste von King William Island. Hier überwin-

Hier in Gjoa Haven überwinterte Amundsen

terte Amundsen in den Wintern 1903/4 und 1904/5. Die *Gjöa* blieb unversehrt in dem bescheidenen Hafen liegen, der heute den Namen des Schiffes trägt.

Am Ende eines strahlenden Tages kommen wir in Gjoa Haven an, 74 Jahre nach Amundsen und seiner Mannschaft. Die *Williwaw* ist das zweite Schiff, das jemals vom Atlantik bis hierher vordringen konnte. Es ist der 23. August 1977, 21 Uhr 5.

Wieder allein

Das Schiff liegt vor Anker, wir sind in Sicherheit. Ich schlafe fast im Stehen ein, völlig ausgepumpt von den vielen Stunden des Wachenmüssens. Ich habe nicht einmal mehr die Kraft, mir mein Glück zu vergegenwärtigen, und gleite sanft in einen Dämmerzustand hinüber. Die Koje ist gemütlich warm, das Schiff liegt unbeweglich, und zum ersten Mal seit langem entkrampfen sich meine Gesichtsmuskeln. Wir sind am Ziel unserer Hoffnung angelangt, wir sind genauso weit gekommen wie die *Gjöa*! Und dabei liegen wir gut in der Zeit und können bestimmt bis Cambridge Bay oder vielleicht sogar bis Coppermite weiterkommen. Wir können es selber kaum fassen.

Wenn auch unser erster Reiseabschnitt ein unbestrittener Erfolg ist, so bleibt doch noch viel zu tun – und

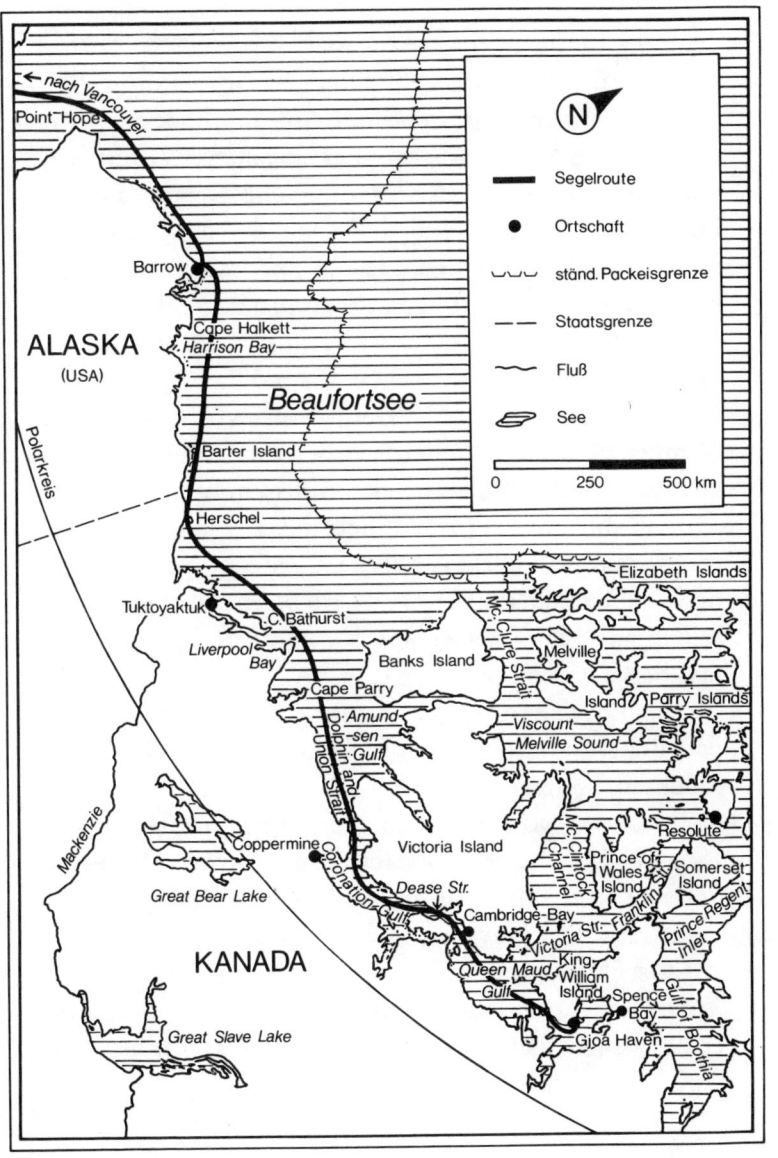

nach Vancouver

Point Hope

Barrow

ALASKA
(USA)

Cape Halkett
Harrison Bay

Beaufortsee

Barter Island

Herschel

Polarkreis

Tuktoyaktuk

C. Bathurst

*Liverpool
Bay*

Banks Island

Cape Parry

*Amund-
sen Gulf*

Coppermine

*Dolphin and
Union Strait*

Great Bear Lake

Victoria Island

*Coronation
Gulf*

Dease Str.

Cambridge Bay

*Queen Maud
Gulf*

KANADA

Great Slave Lake

*King
William
Island*

Gjoa Haven

Spence
Bay

Victoria Str.

Franklin

Prince of
Wales Island

Somerset
Island

Resolute

*Prince Regent
Inlet*

*Gulf of
Boothia*

*M'Clintock
Channel*

M'Clure Strait

Melville
Island

Parry Islands

*Viscount
Melville Sound*

Elizabeth Islands

Mackenzie

N

Segelroute

Ortschaft

ständ. Packeisgrenze

Staatsgrenze

Fluß

See

0   250   500 km

der Weg in die Beringstraße ist weit!

Sehr zufrieden bin ich auch mit Jean-Louis. Seit seiner Eröffnung, gleich bei der Ankunft in der kanadischen Arktis abzumustern, ist er ein anderer geworden, und ich vermute, daß der mögliche Erfolg unseres Unternehmens ihn bewogen hat, zu bleiben. Ich hielt es für besser, ihn in Ruhe zu lassen und habe deshalb nie mehr über seinen Weggang gesprochen. Eigentlich sollte unsere gemeinsame Reise ja in Cambridge Bay enden. Ich halte es nun sogar für möglich, daß er zur Überwinterung bereit wäre, wenn wir irgendwann Cambridge Bay erreichen. Außerdem beruhigt mich, daß die enormen finanziellen Unkosten, in die ich mich stürzen mußte, wahrscheinlich durch Filme und Zeitungsartikel wenigstens teilweise gedeckt werden können... Der Schlaf übermannt mich, und die Gedanken reißen ab. Alles ist ausgelöscht, und ich sinke in einen fast bewußtlosen Schlaf.

Jean-Louis und ich sind schon sehr früh wieder auf den Beinen und wollen aufs Festland übersetzen. Wir möchten Treibstoff tanken und uns umschauen, ob es noch Spuren von der *Gjöa* gibt. Im Dorf treffen wir zwei belgische Geistliche, gebürtige Flamen. Der ältere Pater erzählt uns, daß er es in den 25 Jahren, die er bereits in Gjoa Haven lebt, noch kein einziges Mal bis zur Insel Hat geschafft hat. Nach seiner Meinung ist die Zufahrt zu dieser Insel ständig durch Eis blockiert, und er bezweifelt, daß wir das Hindernis meistern werden.

Das gibt mir zu denken, wenn mir auch die seemännische Erfahrung des Paters ziemlich beschränkt zu sein scheint.

Von Amundsens Überwinterungen in den Jahren 1903/04 und 1905/06 finden sich in Gjoa Haven kaum noch Spuren, abgesehen von einer Marmorplatte, die heute ein Ehrenmal schmückt. Sie soll als Unterlage für die Instrumente gedient haben, die die Besatzung der *Gjöa* für die Erforschung des Erdmagnetismus, dem Zweck ihres langen Aufenthaltes, benützt hat.

Die Niederlassung der Hudson Bay Company ist bestens ausgestattet, und die Verkäufer verfügen über eine sagenhafte Überredungskraft. Sie verkaufen den Eskimos sogar Kühlschränke!

Der Unterschied zwischen dem grönländischen und dem kanadischen Eskimo ist geradezu verblüffend. Während der erste noch ganz traditionsbewußt lebt – mit Ausnahme der Tatsache, daß er einem Beruf nachgeht –, hat der zweite seine Traditionen verloren. Da es im kanadischen Nordwesten keine Industrie gibt, hat er keine Beschäftigungsmöglichkeiten, ist zur Untätigkeit verdammt und dämmert in seiner staatlich finanzierten Langeweile dahin.

Nachmittags füllen wir den Treibstoff nach. Unsere Tanks sind zwar noch nicht leer, aber weil wir jederzeit vom Winter überrascht und festgehalten werden können, ist es besser, die Reserven aufzustocken. Alles andere an Bord ist in Ordnung, außer der hydraulischen

Steuerung, deren Druck ein wenig nachläßt, und dem Radargerät, das ab und zu Ausfallserscheinungen zeigt.

Nach dem Abendessen erklärt mir Jean-Louis, daß er nochmals an Land gehen will.

Mitten in der Nacht weckt er mich. „Willy, wach auf, ich muß mit dir reden!"

„Ja, nur zu."

„Willy, ich habe Gelegenheit, nach Resolute zurückzufliegen", erklärt er mir. „Heute nachmittag ist das Flugzeug gekommen, und der Pilot will mich umsonst mit zurücknehmen. Er startet morgen früh um 6 Uhr."

„In Ordnung, Jean-Louis, das mußt du selbst entscheiden. Du bist alt genug, um zu wissen, was du tust. Soll ich aufstehen, damit wir in Ruhe alles besprechen können?"

„Nein, das ist nicht nötig. Du mußt verstehen, das mit dem Flugzeug ist eine einmalige Chance. Ich könnte nach Pond Inlet und dem Pater bei den Grabungen helfen."

„Schon recht. Wie gesagt, du mußt es wissen. Ich habe nichts dagegen. Ich bringe dich jederzeit an Land."

Es trat eine lange Pause ein.

Dann sagte Jean-Louis zögernd: „Willy, ich hab's mir überlegt, ich laß dich nicht allein. Ich komme mit bis Cambridge Bay."

„Okay. Ich freue mich über deine Entscheidung. Ich glaube, auch für dich ist es besser so. Vergessen wir das alles... Schwamm drüber... Gute Nacht."

Ein Gefühl großer Mattigkeit überkommt mich, ich schlafe wieder ein. Gegen Morgen werde ich wach und bemerke Licht in der Bugkabine. Als ich nachsehe, finde ich Jean-Louis schon angekleidet beim Kofferpacken.

„Ich hab's mir überlegt, ich fahre jetzt doch", sagt er nur.

„So. Um wieviel Uhr willst du an Land sein?"

„Um sechs."

„Gut, ich stehe auf."

Der Dialog war kurz und knapp. Ich kann das alles nicht begreifen und stehe vor einem Rätsel. Kurz vor der vereinbarten Zeit rudere ich schweigend mit ihm auf das Festland zu. Jean-Louis sitzt hinten im Beiboot, und wir schauen uns an. Sein plötzlicher Aufbruch mag ja in seinen Augen berechtigt sein, da er unbedingt nach Pond Inlet möchte. Ich aber bin wie vor den Kopf gestoßen, weil ich einen anderen Grund dahinter vermute. Bis zum Schluß hoffe ich auf ein klärendes Wort, aber Jean-Louis schweigt. Wir sind an Land. Ich weiß, daß ich den Grund nie erfahren werde.

Dann wenden sich meine Gedanken von Jean-Louis ab, und ich höre kaum noch seine Wünsche für eine gute Weiterfahrt. Ein letzter Händedruck, die Trennung ist endgültig. Mechanisch tauche ich die Ruder ein, um an Bord zurückzukehren. Nun bin ich wieder ganz allein. Das ist ein harter Schlag – doch soll ich deswegen etwa aufgeben? Ich beiße die Zähne zusammen, und sobald ich an Bord bin, treffe ich meine Vorbereitungen.

Um 7 Uhr, weniger als eine Stunde nach Jean-Louis'
Weggang, steuern wir, meine brave *Williwaw* und ich,
aus Gjoa Haven hinaus. Ich rufe mir die Mittelwerte der
Eisbildung ins Gedächtnis, ziehe den „Oceanographic
Atlas of the Polar Seas" für die Zeit vom 16. bis 31.
August zu Rate. Danach müßte ich große eisfreie
Wasserflächen antreffen: im Queen Maud Gulf, im
Coronation Gulf und in Teilen des Amundsen Gulf.
Mit festem Eis wäre dann erst wieder in der Beaufort
Sea, vor allem im Westen des Mackenzie-River-Deltas,
zu rechnen. Ich kann also darauf hoffen, daß das
Packeis mir eine Atempause läßt. Dafür erwartet mich
sehr bald ein anderes Problem. Von Gjoa Haven ab
werden die Wassertiefen immer geringer, und man muß
ganz bestimmte Fahrrinnen benutzen, die zwischen
seichten Stellen verlaufen. Da der Kompaß weiterhin
nicht richtig anzeigt, erfordert die Navigation erhöhte
Aufmerksamkeit und eine gute Vorbereitung. Der erste
Teil der Route führt durch die Simpson Strait, die die
Halbinsel Adelaide vom Südufer der King-William-
Insel trennt. Die Straße ist 53 Meilen lang und bildet
nach Booth Point, 12 Meilen von Gjoa Haven entfernt,
die Zufahrt zum Queen Maud Gulf.

Ich habe das „Nautische Handbuch" und eine genaue
Karte der Simpson Strait in greifbarer Nähe im Cockpit
liegen. Zum Glück ist das Wetter gut, und es weht ein
leichter Wind. Ideales Reisewetter. Ich fühle mich vom

Schicksal begünstigt. Meine seelische Verfassung ist gut, die Schwierigkeiten schrecken mich nicht ab; und schließlich hatte ich vor Jean-Louis' Eintreffen damit gerechnet, die Passage allein zu machen. Und im übrigen – ohne daß ich damit die Verdienste meines Mitseglers schmälern möchte – bringt das enge Zusammenleben auch Konflikte mit sich. Allein zu sein hat durchaus nicht nur Nachteile.

Ich fahre um 9 Uhr in die Simpson Strait ein und passiere um 10 Uhr 45 Ross Point. Regelmäßig vergleiche ich die Angaben des Kompasses mit denen der Karte, um zu wissen, ab wann er wieder verläßlich ist. Bei Ross Point entfernt sich mein Kurs von der Küste. Auf der Höhe der Insel Ristvedt passiert man die engste und windungsreichste Strecke der Straße. Ich kann den Kurs mühelos bestimmen, und da das Wetter schön und die Sicht gut ist, macht das Segeln keine Schwierigkeiten.

Gegen 16 Uhr ankere ich in der Mc Clintock Bay an der Südküste von King William Island. Seit dem Morgen habe ich das Steuerrad nicht verlassen, und mein Magen revoltiert langsam. Bevor ich mich morgen auf den Weg mache, werde ich mir einen ordentlichen Imbiß zurechtmachen.

Sobald die Segel geborgen sind, knete ich den Teig für das Brot, damit er während der Essensvorbereitungen gehen kann. Ich muß meine Essensgewohnheiten nun auf Einmann-Haushalt umstellen. Solange die Unbeständigkeit des Kompasses mir nicht erlaubt, die automatische Steuerung einzuschalten, wird der Küchenzettel vor allem aus einem Frühstück und einem etwas üppigeren Abendessen bestehen. Tagsüber, wenn ich am Ruder stehe, werde ich Butterbrote essen und eventuell eine Tasse Suppe dazu, die ich in der Thermosflasche warm halte. Eine gute Organisation ist schon der halbe Erfolg!

Zum Abendessen gibt es heute abend Spaghetti bolognese. Die Sauce bereite ich aus Corned beef und frischen Zwiebeln und füge noch Tomatenmark hinzu. Die Zwiebeln, die ich vor der Abfahrt in Großbritannien gekauft hatte, sind noch immer tadellos. Nach dem Essen wasche ich das Geschirr ab und ziehe wieder in die Bugkabine um, die ich Jean-Louis abgetreten hatte, und backe das Brot. Mein Ankerplatz ist geschützt und ruhig gelegen. Ich habe also gute Aussichten auf eine geruhsame Nacht. Ehrlich gesagt, bin ich hundemüde, und in wenigen Stunden ist der Nachholbedarf an Schlaf einfach nicht zu decken.

Meine Erwartungen haben sich erfüllt: Ich habe herrlich geschlafen! Ich stehe zeitig auf, um mein Frühstück und die Verpflegung für tagsüber herzurichten. Ich fühle mich richtig wohl in meiner Kabine; die Holztäfelung schafft eine gemütliche Atmosphäre, die durch das Summen des Teekessels auf dem Ofen noch verstärkt wird. Fehlt eigentlich nur noch das Aroma des Kaffees, der durch den Filter läuft... Jean-Louis hatte eine Schwäche für den „kleinen Schwarzen", ich verzichte aber lieber auf alle Aufputschmittel, vor allem jetzt, wo ich allein bin.

Mein Hauptgetränk ist geschmolzener Honig in warmem Wasser. Das schmeckt zwar nicht besonders, aber das macht nichts. Die Glukose im Honig hat eine günstige Wirkung auf die Darmflora und schützt vor Verstopfung. Als Aufschnitt für meine Brote habe ich den Parmaschinken angeschnitten. Er ist von hervorragender Qualität. Der Freund, der ihn mir geschenkt hat, ahnte wahrscheinlich nicht, was für einen Dienst er mir damit erweisen würde. Andere mögen auf Seehundspeck schwören, ich esse lieber Parmaschinken!

Mein Asyl für die Nacht, die Mc Clintock Bay, liegt am Ausgang der Simpson Strait, die sich bald darauf zum Queen Maud Gulf hin öffnet. Die Einfahrt in den Golf ist durch Felsenriffe gesperrt. Die Karte zeigt außerhalb der Fahrrinne, die unter dem Namen „Storis-Passage" bekannt ist, keine Wassertiefe an, so daß ich notgedrungen diese Route benützen muß, die auf der Höhe der berüchtigten Insel Hat in den Requisite Channel führt.

Es ist 6 Uhr 47, als die *Williwaw* den Hafen verläßt. Es tagt schon, aber der Himmel ist bedeckt und grau. Leider nicht das richtige Wetter für mich, denn ich bin auf die Sonne als Wegweiser angewiesen. Der Golf ist weiträumig, und nach dem Cape John Herschel gibt es mehr als 30 Meilen lang keine sichtbaren Landmarken.

Das Radargerät hat wirklich viel von seiner Wirkung eingebüßt, und ich zweifle daran, ob es mir überhaupt etwas nützt. Die paar Inseln, die ich anpeilen könnte, sind flach und darum mit dem bloßen Auge genauso schnell zu erkennen wie mit Radar.

Die ersten Stunden der heutigen Strecke vergehen ohne besondere Vorkommnisse, aber dann bemerke ich einen weißen Streifen vor mir... Beim Weiterfahren wird der Verdacht zur Gewißheit – um 10 Uhr habe ich wieder Kontakt mit dem Eis! Es ist von der gleichen Beschaffenheit wie das in der James Ross Strait: Es ist dick, mehrjährig und hart wie Stein. Zuerst ist es noch locker, dann verdichtet es sich mehr und mehr, und ich bin gezwungen, zwischen den Eisschollen Zickzack zu fahren. Vor jedem Wendemanöver peile ich eine Wolke an, einen Fleck am Himmel oder die Umrisse einer besonders auffallenden Scholle, um die Richtung beizubehalten... Himmel, ist das schwer, den Norden nicht zu verlieren!

Plötzlich hüllt uns Nebel ein. Ich bekomme Angst. Ich muß die Segel bergen, und eine Stunde lang bin ich in äußerst prekärer Lage. Soll ich einfach rückwärts fahren? Aber ich habe die genaue Richtung verloren und finde es besser, meine Lage nicht noch dadurch zu erschweren, daß ich meine Position überhaupt nicht mehr kenne, was der Fall wäre, wenn ich einfach zurück führe. So rühre ich mich nicht vom Fleck und warte auf bessere Sicht.

Vergeblich suche ich die Sonne. Durch die geschlossene Wolkendecke kann ich sie nicht einmal erahnen. Um das Schiff möglichst ruhig zu stellen, presse ich es zwischen die Eisblöcke, die es vor der Dünung schützen, und versuche wieder einmal mein Glück mit dem Kompaß. In der Tat, die Rose findet einen Punkt, der mir eine relativ wahrscheinliche Richtung anzeigt. Dann fahre ich mit dem Motor weiter.

Um die Mittagszeit – als ich schon anfange, mir ernsthafte Sorgen zu machen – kommt endlich eine Insel in Sicht, die ich als Kirkwall Island identifiziere. Ich bin zu weit nach Süden geraten. Das ist jedoch nicht weiter schlimm, vorausgesetzt, ich habe mich nicht geirrt, und es ist wirklich diese Insel! Ich werde bald von meinen Zweifeln befreit, denn fünf Meilen von Kirkwall Island entfernt taucht eine neue Insel auf. Ich bin auf dem richtigen Kurs. Das Packeis ist noch immer sehr dicht, fünf bis sechs Zehntel mehrjähriges Eis.

Am späten Nachmittag zeichnet sich backbord die Silhouette der Insel Hat ab, und ich fahre in den Requisite Channel ein, der sich nach Süden wendet. Es ist Zeit, an einen Ankerplatz für die Nacht zu denken. Die Auswahl ist nicht groß: Nur das Riff, das den südlichen Teil des Nordenskiöld-Archipels begrenzt, liegt auf meinem Kurs. Eine Boje zeigt an, daß sich in der Nähe eine Insel befindet. Probleme sind eigentlich nicht zu erwarten, selbst wenn die Nacht mich überraschen sollte, bevor ich meinen Ankerplatz erreicht habe. Das Eis verliert an Dichte, je weiter ich in den Requisite Channel eindringe. Die Insel Hat liegt hinter mir und mit ihr die Befürchtung des braven Missionars von Gjoa Haven!

Endlich habe ich das Riff und einige flache Inselchen des Archipels vor mir liegen. Glücklich, für heute aufhören zu können, ankere ich schließlich bei 20 Meter Tiefe. Ich bin zufrieden, daß ich so weit gekommen bin. Die Ungewißheit über den richtigen Kurs hat mir doch sehr zu schaffen gemacht. Im Laufe der Nacht dreht der Wind auf Nordwest und wird rasch stärker, doch das Schiff liegt unter dem Schutz des Riffs, und der Ankerplatz bleibt sicher.

Kurz nach 1 Uhr morgens werde ich durch einen brutalen Stoß gegen die Bordwand geweckt, auf den das charakteristische Knirschen folgt, das ich zur Genüge kenne. Wahrscheinlich ist eine gestrandete Eisscholle von der kommenden Flut wieder flottgemacht worden. Ich bin kaum wieder eingeschlafen, als ein neuer Stoß das ganze Schiff erzittern läßt.

„Verdammt noch mal! Sie werden uns noch durchlöchern!"

Der Lärm, der hier innen widerhallt, dröhnt mir in den Ohren, und wenn ich nicht wüßte, wie solide mein Schiff ist, würde mir angst und bange werden. Es hält mich trotzdem nicht mehr im Bett, ich laufe aufs Vorschiff. Im Lichte des Vollmonds sehe ich einige Eisschollen am Vorsteven festhängen. Eine hat sich in den Bugspriet verklemmt, und die Ankerkette ist zum Zerreißen gespannt! Ich starte den Motor, und das Boot bewegt sich langsam vorwärts. Deutlich höre ich das Krachen des Achterstevens, der brutal nach unten gedrückt wird. Es dauert nicht lange, da weicht das Eis vor dem Schiff zurück, und als es die Ankerkette nach hinten zieht, lasse ich die *Williwaw* mit voller Kraft rückwärts laufen. So wird dank der Trägheit der Eismassen der Bugspriet wieder befreit. Das Manöver ist geglückt, das Schiff kann ausweichen.

Armer Jean-Louis! Ich wollte ihm die bequemste Kabine überlassen, so nahe am Ofen. Jetzt weiß ich, daß er in einer Trommel wohnte, auf die das Eis seine Rhythmen schlug. Warum hat er sich bloß nie beschwert? Ich hätte aufhorchen müssen, als er in der James Ross Strait nachts ganz entsetzt ins Cockpit kam und mir sagte, der Lärm innen sei unerträglich. Ich habe das nicht richtig ernst genommen, und er war wohl nicht in der Stimmung, darauf zu beharren. Schade!

Die Nacht ist unruhig, und vor lauter Manövrieren komme ich nicht mehr zum Schlafen. Ich warte sehnsüchtig auf den Tagesanbruch und habe alles gründlich satt. Morgen will ich versuchen, die Jenny Lind Bay zu erreichen, da soll es auf der gleichnamigen Insel einen guten Ankerplatz geben. Wenn die geistige Anspannung zu stark ist, muß man sich mit freundlichen Gedanken ablenken...

Am 27. August geht es um 7 Uhr 45 weiter. Der Wind

ist schwächer geworden, es herrscht nur noch Windstärke 5. Als ich den Anker hochziehen will, versagt die Ankerwinde. Ich hoffe nur, daß ich sie reparieren kann, denn das Ankerlichten mit der Hand ist eine langwierige Arbeit. Als ich mich weit genug von dem Riff entfernt habe, nehme ich Kurs auf Jenny Lind Island. Die ungefähr 25 Meilen bis dahin sind zum Glück ungefährlich, weil dieser Teil des Queen Maud Gulf erheblich tiefer ist. Ich bin froh, daß ich heute keine Probleme zu erwarten habe. Meine Müdigkeit wird immer stärker, ich brauche einfach etwas Ruhe.

Das Boot segelt mit belegtem Ruder dicht am Wind, was mich zeitweise von der anstrengenden Arbeit am Steuer befreit, dadurch habe ich Zeit, mich um die notwendigen Arbeiten an Bord zu kümmern. Die Gischt schäumt vorn so hoch auf, daß ich den Verschlußdeckel der Ankerwinde nicht abmontieren kann, um festzustellen, was sich gelockert haben könnte. Sobald ich auf der Jenny Lind angekommen bin, werde ich nachsehen. Ich habe den Eindruck, daß der Wind kälter wird.

„Das riecht mir verdächtig nach Eis! Es wird doch nicht schon wieder anfangen!"

Die Dünung wird schwächer, das Eis kann nicht mehr weit sein... Dann, im Norden, das erste Aufblitzen des Eises! Kurz darauf eine weiße Linie, die sich zunächst ganz fein am Horizont abzeichnet.

„Das war vorauszusehen... Paß bloß auf, daß sie dir

nicht die Einfahrt zu Jenny Lind versperrt!"

Mittags, als die Bucht in mein Blickfeld kommt, muß ich leider umkehren. Das Eis ist so hart, wie es nur sein kann, zehn Zehntel mehrjähriges Polareis. Ganz unmöglich, da durchzukommen. Diese Bucht wäre nichts zum Überwintern, sie ist nach außen hin viel zu offen.

Die Voraussetzungen für das Überwintern im Eis sind im allgemeinen nur ungenügend bekannt, und die Bücher, die es darüber gibt, enthalten keine reellen Informationen.

Hier ist kein Durchkommen möglich!

Zuerst einmal: Eine gefrorene Wasserfläche übt an sich keinen wesentlichen Druck auf die Bordwände aus. Die meisten Fischerboote Grönlands, die traditionsgemäß aus Holz gebaut sind, bleiben den Winter über im Wasser, ohne den geringsten Schaden zu nehmen. Gefährlich ist lediglich die Stoßkraft von Wind und Strömung auf das Eis, wenn die vereiste Oberfläche große Ausmaße hat. Deswegen sollte man lieber in einer kleinen als in einer großen Bucht überwintern. Um der Schubkraft des äußeren Eises zu entgehen, sollte die Bucht durch eine Prallfläche abgeschirmt sein, eine Insel oder einen flachen Landsockel, der die Eismassen davon abhält, in die Bucht einzudringen. Schließlich sollte die Bucht im Windschatten liegen, damit die Dünung bei Sturm nicht das Eis bricht, das dann den Schiffsrumpf übel zurichten würde.

Andererseits darf man auf keinen Fall in allzu seichten Gewässern überwintern. Die Wasserfläche könnte bis zum Grund einfrieren, das Auftauen dauert dann sehr lange, und das Boot bliebe bis weit in die Saison hinein gefangen! Wenn die Besatzung an Bord bleibt und durch den Verbrauch von Wasser und Lebensmitteln das Gewicht des Bootes stark schwankt, muß man das Eis am Heck der Yacht zersägen, damit mit Einsetzen des Tauwetters die Schiffsschraube bei dem stoßartigen Wiederaufsteigen des Schiffes nicht beschädigt wird.

Langsam befreit meine *Williwaw* sich aus der

Umklammerung. Die Beschaffenheit dieses Eises, die ganz anders ist als vorhergesagt, läßt darauf schließen, daß es von Norden her in den Queen Maud Gulf eingedrungen ist. Das Eis aus der Mc Clintock Strait ist wahrscheinlich in den Larsen Sound und die Franklin Strait abgedriftet und dann durch die Victoria Strait in den Queen Maud Gulf gelangt. Die Mc Clintock Strait taut nur selten auf; das Eis bleibt immer am gleichen Platz und ist viele Jahre alt. Franklin und seine Männer sind in den Eisbänken des Mc Clintock ums Leben gekommen. Und wenn man sich ihr Volumen klarmacht, begreift man, daß weder *Terror* noch *Erebus* die Chance hatten, sich selbst zu befreien. Was die *Williwaw* angeht, so sagt mir die Logik, daß ich das offene Wasser weiter im Süden suchen muß.

Es ist fast 18 Uhr. Mein Entschluß war richtig, denn urplötzlich öffnet sich das Packeis. Nach etwa zehn Meilen erreiche ich seinen äußeren Rand und komme in eine mit Eisschollen bedeckte Zone. Die Sonne ist sichtbar, das Navigieren dadurch erheblich erleichtert. Jetzt habe ich vielleicht Zeit für die defekte Ankerwinde und schalte die automatische Steuerung ein. Doch der Kompaß spielt weiter verrückt, und das Schiff dreht sich nach allen Richtungen... Schließlich bleibt mir nichts übrig, als beizudrehen, um die Winde abzumontieren. Zum Glück hatte sich nur der Antriebsriemen gelockert. Nachdem ich ihn schnell durch einen neuen ersetzt habe, kann ich beruhigt weiterfahren.

Vergangene Nacht hatte ich Angst, daß das Wetter umschlagen würde, aber es scheint sich zu halten. Das Segeln macht richtig Spaß. Trotzdem muß ich jetzt schnellstens einen Ankerplatz finden. Ich habe mir zum Ziel gesetzt, die Insel Melbourne noch heute nacht zu erreichen. Um 23 Uhr faßt der Anker. Ich bin todmüde, aber zufrieden, denn ich bin sagenhaft gut vorangekommen, und der Queen Maud Gulf liegt schon fast hinter mir. Ich schlafe ein paar Stunden, doch die Hoffnung, heute noch Cambridge Bay zu erreichen, treibt mich schon früh aus dem Bett, und um 5 Uhr ist die *Williwaw* bereits wieder unterwegs.

Soeben hatte ich Funkkontakt mit Noël. Ich habe ihn gebeten, die Freunde von der *Bernier* über meine gestrigen Schwierigkeiten in Kenntnis zu setzen und ihnen zu sagen, daß der Süden des Queen Maud Gulf offen ist. Ich gebe meine Erfahrungen regelmäßig an die *Bernier* weiter, habe ihnen auch gesagt, daß vor einigen Tagen die *Williwaw* in der Kent Bay beinahe gestrandet wäre. Ich freue mich natürlich über meinen Vorsprung. Ich tue alles und werde auch alles tun, um an der Spitze zu bleiben. Das bedeutet natürlich nicht, daß ich bei diesem Wettrennen meine menschlichen und seemännischen Pflichten vernachlässige. Ich kann sehr wohl beides tun: alle möglichen Informationen weitergeben und dann, wenn der Funk schweigt, alles daransetzen, um vorwärtszukommen und mich nicht abhängen zu lassen.

Es wäre schön, wenn die *Williwaw* das erste Segelboot wäre, dem nach der *Gjöa* die erste Nordwest-Passage gelänge.

Ich bin aber sicher, daß sich an Bord der *Bernier* alle fieberhaft überlegen, wie sie mir den Rang ablaufen können. Das ist ganz natürlich – das Gegenteil würde mich überraschen!

Ich habe versucht, die jetzige Position der *Bernier* zu erfahren, doch Noël wußte sie nicht. Seiner Ansicht nach müssen sie irgendwo in der Pell Strait stecken. Er bleibt ihr auf der Spur.

Die Westseite des Golfes verengt sich trichterförmig und geht in die Dease Strait über, die sich dann zum Coronation Gulf öffnet. Auf der Höhe der Insel Melbourne verläuft die Küste in nordwestlicher Richtung, und ich muß höher gehen. Das Eis kündigt sich wieder an.

Um 7 Uhr stoppt mich festes Packeis, das mir unüberwindlich erscheint. Es ist zum Verzweifeln: Immer wieder dieses verdammte mehrjährige Eis von 4 bis 10 Meter Höhe! Der Horizont ist stark eingeengt. Ich werde umkehren und das Eis mit etwas mehr Abstand betrachten. Ich glaube, wenn ich mich dicht an die Südküste halte, kann ich mich irgendwie hineinschmuggeln. Als ich wieder im freieren Wasser bin, nehme ich mir Zeit, die Tiefen auf der Karte nachzuprüfen, und sehe, daß es für diese Küste überhaupt keine Werte gibt. Ich fädele mich trotzdem in eine Polynie ein und verlasse mich auf das tiefblaue Wasser. So laviere ich mich recht und schlecht durch.

Um 12 Uhr 25 bin ich auf der Höhe der kleinen Mac-Alpine-Inseln. Mein Herz beginnt schneller zu klopfen: wenn das nur keine Luftspiegelung ist! Die Inseln halten das Eis etwas zurück, und für einen Augenblick ist die Situation unüberschaubar. Aber hinter dieser Barriere ist offenes Wasser, und das gibt mir den Mut, sie zu passieren.

Schließlich habe ich alles geschafft. Die Dease Strait ist noch 10 Meilen entfernt. Cambridge Bay liegt auf dem gegenüberliegenden Ufer, und der Weg dahin führt

Wieder einmal zwingt mich das Packeis zum Umkehren

Werde ich das offene Wasser erreichen?

wiederum durch das Eis. Wenigstens brauche ich nicht
lange zu überlegen: der Aufenthalt fällt aus, ich fahre
weiter.

Fünf Tage Vorsprung

Es geht also weiter! Die Entscheidung ist denkbar
einfach: Zwischen zwei Übeln wählt man immer das
geringere, und das offene Wasser der Dease Strait ist

verlockender als das Eis, das den Zugang nach Cambridge Bay versperrt. Leider löst aber diese Entscheidung nicht meine Schlafprobleme. In den letzten zwei Tagen habe ich praktisch kein Auge zugetan. Die paar Stunden vor der Insel Melbourne fallen kaum ins Gewicht, und nun hat sich meine Hoffnung, in Cambridge Bay ein wenig auszuruhen, wieder in Luft aufgelöst. Wie lange soll das noch so weitergehen? Die Dease Strait bietet allem Anschein nach auch keine geschützten Ankerplätze.

Was mich am meisten beunruhigt, ist die Tatsache, daß der mangelnde Schlaf mich gar nicht besonders mitnimmt. Ich bin wie aufgedreht, selbst wenn ich mir eine Ruhepause gönne, möchte ich eigentlich sofort wieder aufbrechen, immer nur weiter. Ich komme mir vor wie ein Schlittenhund, der, wenn er nicht ausgeschirrt wird, weiterzieht, bis er stirbt. Der Umstand, daß ich jetzt allein bin, hat derartige Energien in mir freigemacht, daß ich gar nicht mehr zur Ruhe kommen kann; wie der Husky eines grausamen Herrn werde auch ich eines Tages tot umfallen...

Wie soll ich Dampf ablassen? Ich brauchte eine Ablenkung. Körperliche Betätigung wäre das ideale, aber wie soll ich das anstellen? Ich bin ans Ruder verbannt, und wenn ich das Schiff beilegen würde, um frei zu sein, würde mir die Tatsache, keine Fahrt mehr zu machen, ein solches Schuldbewußtsein vermitteln, daß ich gar nichts davon hätte. Ist aber ein Problem erst erkannt, so ist das der erste Schritt zur Lösung. Ich habe bestimmt noch genügend gesunden Menschenverstand, um meine Kräfte nicht über Gebühr zu strapazieren. Kommt Zeit, kommt Rat!

Nachdem wir die 65 Meilen der Dease Strait in flottem Tempo geschafft haben, kommen wir am Abend des 29. August in den Coronation Gulf. Die *Williwaw* ist gefahren wie die Feuerwehr. Das Wasser war absolut eisfrei, und ich habe endlich mal wieder völlig entspannt segeln können. Das Schiff fährt mit automatischer Steuerung, der Kompaß ist anscheinend stabil. Die magnetische Abweichung bleibt weiterhin schwer zu erkennen, aber ich habe festgestellt, daß das Schiff abfällt, sobald der Kompaß ausschlägt, was uns bei gleichbleibendem Nordwind von der Küste fernhält.

Es ist 22 Uhr. Die Nacht ist hereingebrochen, und ich bleibe auf der Strecke, weil es keinen guten Ankergrund gibt. Wir haben Vollmond, und ich kann den Kurs gut halten. Der Wind ist stärker geworden. Ich berechne die Himmelsrichtung, in der der Mond stehen muß. So kann ich den allgemeinen Kurs kontrollieren, doch das Schiff fährt so unregelmäßig wie die sich immer stärker entwickelnden Windböen.

Einen Moment steuere ich von Hand. Zusammengekrümmt kauere ich im Cockpit und versuche, mich vor der beißenden Kälte zu schützen. Dann dreht der Wind nach Osten, kommt also von hinten. Ich kann wieder die automatische Steuerung einschalten. Meine Hände sind blau angelaufen, meine Finger schmerzen unerträglich.

So tröpfeln die Stunden langsam dahin, und am nächsten Morgen bin ich nach einer schlaflosen Nacht schachmatt. Der Wind weht beständig mit Stärke 8 bis 9. Während der Nacht habe ich die meisten Segel geborgen und fahre nur mit dem Trysegel. Die Küste ist nicht zu sehen, ich muß mich zu südlich befinden. Schließlich fasse ich den Entschluß, hinter der Insel Edinburgh Unterschlupf zu suchen, und steuere auf die Küste zu. Aber bis dahin ist es noch weit und die Ruhe noch lange nicht in Sicht.

Gegen 17 Uhr peile ich bei sintflutartigem Regen und entsprechender Sicht die dunklen Umrisse der Insel Edinburgh an, um 18 Uhr rasselt die Ankerkette an ihrer Nordostspitze in die Tiefe und scheint trotz der Windböen gut zu fassen. Die Sicht ist auf weniger als eine Meile beschränkt – es regnet Bindfäden. Ohne eine Sekunde zu verlieren, lege ich mich aufs Ohr und schlafe auf der Stelle ein. Der Sturm hat meine letzten Kräfte gekostet, die Gischt und der Regen haben mich völlig durchnäßt. Das Meer hat mich buchstäblich geohrfeigt. Jedenfalls hatte ich heute die Abwechslung, nach der ich mich so sehnte!

Vor Tagesanbruch wache ich nach 9 Studen tiefem Schlaf erfrischt auf, backe Brot und koche mir etwas Gutes zu essen. Der Wind hat sich beruhigt, und der

Mond steht wieder am Himmel. Ich bin rundherum glücklich. Wieder einmal bin ich erstaunlich gut vorangekommen – diese Saison entwickelt sich unverhofft gut!

Gestern habe ich im Logbuch unten auf die Seite gekritzelt: „Noch 1000 Meilen bis Cape Barrow!" Zum ersten Mal sehe ich also meine gegenwärtige Position im großen Zusammenhang der Nordwest-Passage. Ganz zaghaft beginne ich an mein Glück zu glauben, meine Traumstrecke mit nur einer einzigen Überwinterung zu schaffen. Das erfüllt mich mit Freude. Um so schneller werde ich nun meine Lieben wiedersehen, die Risiken und die finanziellen Unkosten werden sich in erträglichen Grenzen halten. Wenn ich die Insel Herschel vor dem Winter erreichen würde, wäre das phantastisch! Aber dazu muß ich noch mehr als 600 Meilen zurücklegen.

Das ist wenig und viel zugleich. Alles hängt von den Umständen ab. Im Eis kann eine solche Entfernung Jahre in Anspruch nehmen: als Amundsen nach dem Winter 1904 Gjoa Haven verließ, konnte er die Insel Herschel erst nach einer ganzen Saison erreichen. Ich habe augenblicklich keine sicheren Angaben über die Vereisung in der westlichen Arktis, doch nähern wir uns langsam aber sicher dem Ende der Saison. Es war eine feste Regel, daß die Walfänger der Jahrhundertwende Cape Barrow vor dem 1. September passiert haben mußten. Jede Verspätung galt als riskant, und mehr als ein Schiff ging verloren, weil dieses Datum nicht eingehalten wurde. Doch auch vor dem 1. September ist es nicht sicher, daß man diesen nördlichsten Punkt der Vereinigten Staaten noch schafft, ja, es ist mehr als einmal vorgekommen, daß Cape Barrow eine ganze Saison lang unbefahrbar war! 1871 zum Beispiel saß die gesamte amerikanische Walfängerflotte mit Dutzenden von Schiffen östlich dieses Kaps fest. Die Besatzungen wurden zwar gerettet, aber die Schiffe gingen ausnahmslos verloren.

Wie weit werde ich kommen, bis das Eis sich schließt? Wer kann es wissen? Von nun an muß ich jeden Ankerplatz mit den Augen desjenigen prüfen, der ein Winterquartier sucht. Kurz vor 6 Uhr morgens sind wir wieder unterwegs. Es ist schönes Wetter, der Himmel ist wolkenlos, der Wind leicht (Stärke 3), das Meer ruhig, die Sicht gut. Den ganzen Morgen über bleibt es heiter, aber als ich mich gegen 10 Uhr der Einfahrt in die Dolphin und Union Strait nähere, die den Coronation Gulf mit dem Amundsen Gulf verbindet, bezieht sich der Himmel von Westen her, und binnen zehn Minuten muß ich mich auf Böen aus nördlicher Richtung gefaßt machen.

Auf der Höhe von Cache Point, schon mitten in der Straße, begegne ich einem ankernden Schiff. Es handelt sich um die *Baffin* aus Ottawa, eine schwimmende ozeanographische Station, mit der ich schon gelegentlich Funkkontakt hatte. Viele Männer stehen auf der

Brücke, um mich im Vorbeifahren zu grüßen. Auf der *Baffin* arbeitet neben der Besatzung eine große Zahl von Wissenschaftlern. Viele Arme werden geschwenkt, über Megaphon bekomme ich Glückwünsche, alle klatschen, und einer der Männer wirft als Willkommensgruß sogar seine Kopfbedeckung in die Luft. Der Wind entführt sie ihm natürlich, und als ich das betretene Gesicht des Unglücklichen sehe, vermute ich, daß es sich um einen Wissenschaftler handeln muß: niemals wäre ein Seemann so zerstreut!

Der Wind ist sehr stark, die Fahrt ist sehr langsam. Ich will mir keinen unnötigen Ärger machen und werfe im Windschatten von Cache Point den Anker aus. Als die Kette gespannt ist, bemerke ich, daß eine Strömung von mindestens 3 bis 4 Knoten die Kapspitze umspült. Wenn ich nur meinen Anker heil wieder heraufbekomme! Da es noch recht früh ist, koche ich mir ein gutes Essen und warte auf den Funkkontakt mit Belgien. Draußen wütet der Wind, aber der Grund scheint den Anker zu halten, und das Schiff ist offenbar vollkommen sicher. Da höre ich aus dem Munde Noëls, daß die *Bernier* sich auf Position 68° 34 Nord, 99° 00 West in der Simpson Strait befindet.

Ich habe also fünf Tage Vorsprung! Das ist zwar nicht viel, die geringste Panne würde alles ändern, und im eisfreien Wasser kann die *Bernier* mit ihren 5 Besatzungsmitgliedern leicht Tag und Nacht unterwegs sein. An Real Bouviers Stelle würde ich nicht zu sehr auf diesen Vorteil bauen. Wenn ich auch normalerweise täglich 8 Stunden stilliege, würde die *Bernier* bei ununterbrochener Fahrt fünfzehn Tage brauchen, um auf meine Höhe zu gelangen. Doch die *Williwaw* ist schneller als die *Bernier*. Eigentlich habe ich keine Angst, eingeholt zu werden.

Die Tatsache, daß ich ein Jahr später in Europa gestartet bin als die *Bernier* in Kanada, daß ich deswegen schon ein Jahr hinter ihr im Rückstand bin, ist nicht so entscheidend wie die wenigen Stunden oder gar Minuten, die uns vielleicht in der Bering-Straße, dem Endpunkt der Nordwest-Passage, trennen werden. Das ist sicher schade, aber ich kann nichts daran ändern. Es kann immer nur einer der erste sein.

Die Sicht, die gestern während der schweren See sehr eingeschränkt war, hat sich heute nacht gebessert, und morgens um 8 Uhr kann ich den Anker lichten und die Fahrt fortsetzen. Der Nordostwind weht immer noch heftig, Stärke 5 bis 6, und es wäre sicher gemütlicher, noch etwas im Schutze von Cache Point zu verweilen. Aber ich muß die günstige Brise nützen. Im Laufe des Tages nimmt der Wind ab, und am späten Nachmittag umrunden wir in einem vorsichtigen, weiten Bogen das Cape Besley, um die Untiefen zu vermeiden. Weil das Navigieren bei dem guten Wetter und dem eisfreien Wasser keine Schwierigkeiten macht und ich mit vollen Segeln fahren kann, beschließe ich, die Nacht über weiterzufahren. Um 2 Uhr morgens umsegeln wir

Clifton Point und dringen nun in den Amundsen Gulf ein. Das Radargerät erfaßt die Besonderheiten der Küste nur unvollkommen, denn das Festland ist sehr flach, und nur das kleine Flußdelta des Croker ist einigermaßen deutlich auf dem Schirm abzulesen. Als wir auf der Höhe des Deltas sind, 15 Meilen hinter Clifton Point, fegt der erste Windstoß über uns hinweg. Die See wird schwer, es geht langsam vorwärts, und es wird bitterkalt.

Bei Tagesanbruch tanzt die *Williwaw* auf einer aufgewühlten See. Ich bin müde, die schlaflose Nacht zerrt an meinen Nerven, und besorgt betrachte ich die grün marmorierte, windgepeitschte Wasserfläche des Amundsen Gulf. Ich gehe höher an den Wind, denn ich will weiter, koste es, was es wolle! Diese Küste bietet keine Zuflucht; bis etwa 80 Meilen nach Westnordwest gibt es keine Bucht, die einigermaßen sicher wäre. Also versuche ich weiter Fahrt zu machen. Am 1. September brauche ich eine Pause und liege um 10 Uhr bei. Eigentlich sollte ich jetzt schlafen. Dummerweise läßt sich aber infolge der undichten Stelle am Hauptzylinder die hydraulische Steuerung nicht feststellen. Ich muß sie ständig überwachen, und das Läuten des Weckers jagt mich in regelmäßigen Abständen aus dem Bett.

Die Nacht dehnt sich unendlich lange. In meiner Angst, den Wecker zu überhören, dämmere ich im Cockpit vor mich hin und versuche mich mit irgend etwas abzulenken. Ich rufe die *Baffin*, um ihr meine

Position durchzusagen, doch die hört mich offensichtlich nicht, und an ihrer Stelle antwortet die *Pandora II*. Im Laufe der Unterhaltung erfahre ich, daß es sich dabei auch um ein ozeanographisches Schiff handelt, das in der Nähe der Insel Banks, gut 100 Meilen nordwestlich von uns, Peilungen durchführt. Das Gespräch ist überaus herzlich. Harry, der dritte Offizier, und Bob, der Funker, sprechen mir Mut zu und versüßen mir so die unangenehme Nachricht, daß für die nächsten 24 Stunden Sturm angekündigt ist. Die *Pandora II* wird der Küstenwache meine Position durchgeben, und Harry schlägt vor, daß wir uns morgen wieder melden wollen, damit er mir die letzten Wettervorhersagen durchgeben kann. Die Freundlichkeit und die kameradschaftliche Art meiner beiden Gesprächspartner waren Balsam für meine Seele, und ihre guten Wünsche haben mir neuen Auftrieb gegeben.

„Hör doch auf, Willy! Du hast keinen Grund zum Jammern! Beiß die Zähne zusammen, bald ist es sowieso vorbei mit der Seefahrt, und den langen Winter über kannst du soviel schlafen wie du willst!"

Um 7 Uhr morgens hat der Wind nur noch Stärke 6. Die See ist immer noch schwer. Zum Glück konnte ich ein paar Stunden schlafen, aber trotzdem bin ich über meine körperliche Verfassung ziemlich beunruhigt. Ich habe Angst davor, mich zu übernehmen, und die paar Reserven, die ich vielleicht noch habe, möchte ich mir schließlich für den Endspurt aufbewahren... Um

8 Uhr mache ich mich unter Vorsegel und Besan wieder auf den Weg. Die Brise ist steif, das Meer ungemütlich, aber der Himmel klärt sich auf, und eine bleiche Sonne kommt ab und zu zum Vorschein.

Ich bin mir über meine Position nicht ganz im klaren. Offensichtlich bin ich abgetrieben worden, aber um wieviel? Die flache, vom Nebel eingehüllte Küste bietet keinerlei Anhaltspunkte. Aber nach den Angaben des Echolotes muß ich mindestens 30 Meilen in die Dolphin und Union Strait zurückgedriftet sein. Zuerst halte ich das für unwahrscheinlich, aber um die Mittagszeit, als das Delta des Croker wiederum auf dem Radarschirm erscheint, habe ich die traurige Gewißheit, daß ich 30 Meilen guter Strecke verschenkt habe.

Am 3. September, kurz nach Mitternacht, als ich gerade die fatale Abdrift wieder aufgeholt habe, dreht der Wind auf West und legt sich fast ganz. Ich werde wohl oder übel wieder beilegen müssen, kann mich aber noch nicht dazu durchringen. Das hieße, wieder kostbare Zeit verlieren und Gefahr laufen, vom Packeis überrascht zu werden. Nein, ich muß durchhalten, koste es, was es wolle! Ich kreuze und kreuze. Ich setze sämtliche Segel und hole das Letzte aus meinem Boot heraus. Es ist ja richtig, daß man seine Kräfte gut einteilen soll, aber hier habe ich keine Wahl... Ich bin durchaus noch in der Lage zu einem kurzen Kraftakt, nur eine längere Anspannung würde mich kaputtmachen. Die Segel sind zum Zerreißen gebläht und drangsalieren den Mast, der ächzt und sich bedenklich neigt. Ich erlebe die Qualen meines Bootes wie eine Prüfung, die einem Freund auferlegt ist; ich presse die Kinnladen zusammen, daß es mir bis zu den Ohren weh tut. Das innere Band, das mich mit meinem Boot verbindet, ist ein starker Antrieb: wir wollen nicht untergehen!

Die Nacht war fürchterlich, aber meine brave *Williwaw* hat heute morgen soeben ihr Ziel, Pearce Point, erreicht! Der Anker ist schon im Wasser. Mit stumpfen, blutunterlaufenen Augen, das Gesicht schmerzhaft verzogen, sehe ich die Kette fallen. Meine froststarre Hand kann sich nicht an der Reling festhalten. Während der Nacht hatte der Wind Stärke 9 erreicht. Eiskalte Gischt stürzte über das Vorschiff, ich fror in meinen feuchten Kleidern, und meine Augen, die das Meer in der Dunkelheit nach möglichen Eisbänken absuchten, brannten vom dem Salz des aufgepeitschten Wassers. Wenige Meilen vor Pearce Point mußte ich das Besansegel bergen, da der Mast sich so stark bog, daß er jeden Augenblick brechen konnte. Der Motor lief auf vollen Touren, und doch bewegten wir uns kaum von der Stelle. Ein wahrer Alptraum! Ich presse meine Hände zwischen die Oberschenkel, um sie zu wärmen. Aber es nutzt nichts. Die vor Kälte starren Finger schmerzen unerträglich... Schon eine ganze Zeitlang hat die Ankerkette sich abgespult. Und ich bin immer noch im Vorschiff, hocke auf den Knien, die Arme um die Reling geklammert.

„Mein Gott, Willy! Raff dich auf, und geh ins Warme!" Ich bin unsagbar müde. Es ist der 3. September 1977, 8 Uhr 30.

Bevor ich endgültig schlafen gehe, muß ich nachprüfen, warum der Motor Öl verliert. Bei näherem Hinsehen finde ich rasch heraus, daß wieder eine Schraube abgebrochen ist. Ich habe Glück und kann das Stück, das noch im Gewinde steckt, herausholen. Dann beginnt ein langes Suchen nach einer neuen Schraube, die das gleiche Gewinde hat. Ich habe Glück – ich finde tatsächlich eine passende. Dann reinige ich das Schiff und nehme ein Bad in einem Eimer, um endlich das Salz, das an meinem Körper klebt, abzuwaschen. Ich danke dem lieben Gott für seine Hilfe und schlafe, von der Dünung gewiegt, ein.

Am Morgen des 4. September, nach einem langen und guten Frühstück, sieht die Welt wieder rosiger aus. Der Wind hat sich beruhigt, und ein paar schüchterne Sonnenstrahlen beleuchten die felsige Landschaft meines sicheren Hafens Pearce Point. Meine Stimmung steigt.

Harry von der *Pandora II* erzählt mir, daß zwei Techniker, die eine Sendestation betreuen, auf Pearce Point ihr Lager aufgeschlagen haben und die neuesten Wetterprognosen kennen. Harry ist besorgt, was das Wetter betrifft, und rät mir dringend, meinen Ankerplatz nicht zu verlassen, ohne mit den beiden gesprochen zu haben. Außerdem sagt er mir noch, daß der

Mackenzie-Fluß momentan eisfrei ist und daß sich das Eis in der Beaufort Sea 15 Meilen vom Cape Bathurst seewärts zurückgezogen hat. Dieses Kap ist ein wichtiger Richtpunkt, denn es ist nach der Halbinsel Boothia der nördlichste Punkt des kontinentalen Kanada und der Eingang zur Beaufort Sea. Es hat einen schlechten Ruf und gilt als schwer zu umschiffen. Ich bin so freudig erregt, daß ich aufbrechen möchte, ohne noch eine Minute zu zögern. Und der Wetterbericht? Ach was, es geht auch ohne... Aber dann kommen mir doch Zweifel, ob ich die guten Ratschläge einfach in den Wind schlagen darf. Und wenn Harry mich morgen fragt, was ich von den beiden Technikern erfahren habe, was soll ich ihm dann antworten?

„Los, Willy, laß das Beiboot zu Wasser!"

Ich visiere am Südufer der Bucht ein kleines Lager an, das aus einem khakifarbenen und einem roten Zelt besteht, und halte darauf zu. Als ich näher komme, sehe ich schon einen Mann am Strand stehen und auf mich warten. Wir sind sofort Freunde.

„Nice to see you! Be welcome!"

Er lächelt mich an, und wir gehen auf das eine der Zelte zu, in dem der zweite Techniker sich aufhält.

„Wollen Sie Kaffee, Eier und Schinken?"

„Gerne!"

„Okay. Setzen Sie sich doch!"

In dem Zelt, das als Werkstatt, Küche, Aufenthaltsraum und Schlafstätte dient, herrscht ein ziemliches

Durcheinander, und es ist nicht einfach, zwischen den vielen Drähten und dem elektrischen Zubehör einen freien Platz zu finden. Bruce, der Jüngere, hat inzwischen den Gasofen unter einem ganzen Turm von Töpfen hervorgezogen, und nicht lange danach liegt der köstliche Duft von gebratenem Speck in der Luft. Das Gespräch ist sofort in vollem Gang, und die Fragen gehen hin und her.

Für meine beiden Techniker ist die Saison zu Ende, und der Hubschrauber wird sie in zwei Tagen abholen. Das gesamte Material wird bis zur letzten Schraube mitgenommen, den Mülleimer mit inbegriffen. Die Anordnungen sind streng: von ihrem Aufenthalt dürfen keine Spuren zurückbleiben.

Früher sah es hier anders aus. Als die D. E. W. Linie (Defence and Early Warning Line) hier stationiert war, war Pearce Point ein wichtiger Stützpunkt. Alles ist stehengeblieben, Gebäude und Versorgungshallen. Nur das Personal ist eines schönen Tages abkommandiert worden. Große Treibstoffbehälter stehen noch am Eingang zur Bucht, und auch das Elektrizitätswerk ist noch intakt. Wenn ich überwintern müßte, könnte ich hier meine Batterien aufladen. Die Zeit vergeht schnell, wenn man sich soviel zu erzählen hat, und es ist schon später Vormittag, als ich nach einem letzten Händedruck wieder in mein Beiboot klettere.

Ich tue mich etwas schwer mit dem Rudern. Auf dem Boden des Dingi stauen sich die Lebensmittel, die Bruce und sein Kollege mir mitgegeben haben, „damit der Hubschrauber nicht überlastet ist!"

Dank, ihr Freunde! Ich habe zwar genug zu essen, aber nachdem mir die „Bohnen nach Großmutterart" langsam zu den Ohren herauswachsen, ist euer „schuck-walon-stew" eine Delikatesse. Und die frischen Orangen und Pampelmusen erst! Monatelang habe ich keine zu sehen bekommen. Dank für alles, auch für die freundliche Aufnahme, die mir wieder neuen Auftrieb gegeben hat!

Als ich wieder an Bord bin, fällt mir ein, daß ich total vergessen habe, mich nach dem Wetter zu erkundigen! Mein Besuch auf dem Festland hat sich trotzdem gelohnt, und ich bin jetzt richtig entspannt. Wenn die Leute von der *Pandora II* mich nach den beiden Technikern fragen, habe ich keine Angst mehr, mich zu blamieren. Im Gegenteil, ich werde sie zu ihrer guten Idee beglückwünschen.

Ich bin in einer Bombenstimmung, als ich den Hafen verlasse. Es gibt nicht allzu viel Wind, und die Sicht ist im allgemeinen gut. Nachdem ich das Cape Parry problemlos umsegelt habe, liegt Cape Bathurst noch 80 Meilen vor mir. Ich hoffe, in der Nacht gut voranzukommen und morgen früh, am 5. September, dieses Zwischenziel zu erreichen. Es wäre wieder ein großartiger Schritt vorwärts.

Der Zustand der Erschöpfung bei meiner Ankunft in Pearce Point hat mich zu größerer Vorsicht veranlaßt.

Ich versuche soviel wie möglich zu essen, was mir bei der Vielfalt meiner Vorräte nicht schwerfällt, mich auszuruhen und mir jede Aufregung vom Halse zu halten. Ich spüre die Müdigkeit zwar noch, aber sie lähmt mich nicht mehr. Eine wohltuende innere Gelassenheit erfüllt mich.

Auszug aus dem Logbuch vom 5. September 1977:

„Gerade wird es Tag. Bathurst ist nicht mehr weit, und unterwegs habe ich kein Eis gesehen! Nachts bildete ich mir ein, ‚iceblinks‘ zu sehen, aber das entpuppte sich als ein Stück klarer Himmel, der einen Mondstrahl durchschimmern ließ.“

„15 Uhr 48: Wir umsegeln Observation Point, sind also nun wirklich in der Beaufort Sea. Ich glaube, jetzt, wo ich berechtigte Hoffnung habe, die Nordwest-Passage zu schaffen, lastet die Einsamkeit besonders auf mir. Wie gern hätte ich einen Freund an Bord, um ihn in diesem Augenblick der Freude zu umarmen.“

Ich habe das Logbuch geschlossen, und als mein Blick in die Ferne schweift, sehe ich, daß das Wasser der Beaufort Sea grün ist. Es ist nicht das satte Grün der polynesischen Lagunen, es ist ein verwaschenes Grün. Hell wie die Hoffnung, die mich weiterträgt: die Insel Herschel vor dem Winter zu erreichen...

Total am Ende

Die Beaufort Sea erstreckt sich an der Nordküste Alaskas und Westkanadas, westlich von Cape Bathurst. Sie ist ein Teil des Nordpolarmeeres, und wie dieses unterliegt sie dem Einfluß des polaren Packeises. Da die gesamten Eisbewegungen von der Kraft der vorherrschenden Winde abhängen, muß man immer damit rechnen, daß diese Bewegungen nicht mit den meteorologischen Ortsbedingungen übereinstimmen, und es ist deshalb ratsam, diese lokalen Vorhersagen mit Vorsicht zu genießen. Mit anderen Worten: man hat keine Gesamtinformationen über die Beaufort Sea, man kann heute nicht sagen, was morgen sein wird. Die Hoffnung, die Insel Herschel zu erreichen, kann also trügerisch sein. Vielleicht ist die Strecke zu, bevor ich ankomme, und ich müßte unterwegs ein Winterquartier finden, in der Liverpool Bay zum Beispiel, auf der Halbinsel Tuktoyaktuk oder in einer der zahlreichen Inseln des Mackenzie-Flußdeltas. Der kontinentale Sockel, der noch bis zu 70 Meilen über die Küste hinausragt, ist seicht, und die Gefahr, auf Grund zu laufen, kommt zu den übrigen Erschwernissen der Navigation noch hinzu. Es gibt sehr häufig Nebel in diesen Breiten, und die starke Strömung, mit der sich die Wasser des Mackenzie-Flusses ins Meer ergießen, bildet einen weiteren Unsicherheitsfaktor.

Da ich von Goja Haven ab sehr häufig den Motor gebraucht habe, wäre ich froh, wenn ich endlich meine Reserven auffüllen könnte. Als ich heute morgen der *Pandora* von meinen Sorgen erzählte, habe ich erfahren, daß ich wahrscheinlich in Tuktoyaktuk Treibstoff tanken könnte. Trotzdem habe ich wenig Lust, diesen Umweg zu machen, denn der Hafen Tuk liegt abseits von meiner Route, und ich will doch auf kürzestem Wege die Insel Herschel erreichen. Ich habe ihnen gesagt, daß ich keine Seekarten von der kanadischen Arktis bei mir hätte und keine einzige Karte von der Küste Alaskas. Das ist keine Nachlässigkeit von mir. Ich wollte mir die Karten dann besorgen, wenn ich sie brauchte, hatte aber nie damit gerechnet, in so kurzer Zeit so weit zu kommen! Ich hatte mich auf mehrere Jahre eingestellt! Immerhin ist die Fahrt von hier nach Herschel, für die ich alle Karten an Bord habe, unproblematisch.

Mehrere Funkamateure haben mir berichtet, daß Kanada sich für meine Reise interessiert, und daß in den Zeitungen die Nachrichten über mich auf den ersten Seiten erscheinen. Ich frage mich nur, *was* sie wohl über mich schreiben, denn seit ich in Egedesminde Kununguak Fleischer traf, habe ich keinen Journalisten mehr zu Gesicht bekommen, und daß seine Artikel sogar in Kanada gelesen werden, bezweifle ich. Wahrscheinlicher ist, daß die Küstenwache, die meine tägliche Position kennt, die Informationen weitergegeben hat. Wie auch immer, es ist ganz angenehm zu wissen, daß andere an dem Auf und Ab meiner Reise Anteil nehmen.

Die *Pandora II*, mein Schutzengel, hat mir die Position von zwei Bohrinseln signalisiert, die ich sofort in meine Karte eingetragen habe.

Der 5. September läßt sich gut an, aber gegen Abend frischt der Wind auf, das Barometer sinkt. Ich bin müde; seit Pearce Point habe ich kaum schlafen können, und jetzt bin ich schon wieder seit 36 Stunden auf den Beinen. Wenn der Wind stärker wird, muß ich über Nacht ankern. In diesen seichten Gewässern kann man nicht blind drauflos fahren. Die Sicht ist eingeschränkt, und die Nähe zur Küste, die sich kaum vom Wasser abhebt, erfordert volle Aufmerksamkeit. Kurz nach Anbruch der Nacht ankere ich im Windschatten von Akinton Point auf der Halbinsel Tuk. Der Hafen Tuk ist 40 Meilen entfernt. Hoffentlich ist er frei! Zur Insel Herschel sind es noch 60 Meilen. Wenn es Schwierigkeiten geben sollte, kann ich mich nach Tuk zurückziehen, wo die Überwinterungsbedingungen perfekt sein sollen. In den nächsten paar Tagen wird sich alles entscheiden!

Nach einer windigen Nacht bin ich sehr zeitig aufgestanden. Die Tage werden schon erheblich kürzer, und heute, am 6. September, geht die Sonne um 4 Uhr 36 auf und um 22 Uhr 38 unter. Ich hole den Anker auf und mache mich auf den Weg.

Nachdem ich Segel gesetzt habe, spüre ich plötzlich einen Schmerz, der in die Nierengegend ausstrahlt. Wenn das nur kein Nierenstein ist, der zu wandern beginnt! Das wäre eine Katastrophe! Ich mache mir keine Illusionen, denn da ich schon mehrere Nierenkoliken hinter mir habe, kenne ich die Symptome gut, und der Schmerz beweist mir, daß ein Stein sich gelöst hat und dabei ist, ins Nierenbecken zu wandern. Bei einer Röntgenuntersuchung kurz vor meiner Abreise stellte sich heraus, daß meine rechte Niere zwei kleine Steine enthält. Einer von ihnen muß in den Harnleiter gerutscht sein. Eine baldige Kolik ist mir sicher. Wenn wir nur unseren Unterschlupf bald erreichen!

Eine erfreuliche Nachricht: Der Dritte Offizier der *Pandora* hat mit der *Nahidik*, einem kanadischen Schiff, das geologische Studien im Mackenzie-Delta betreibt, abgesprochen, daß sie mir Treibstoff nachfüllen sollen. Die *Nahidik* operiert nicht weit von mir – wir machen einen Treffpunkt in der Nähe von Pullen Island aus. Alle diese guten Nachrichten heben meine Stimmung trotz der zu erwartenden Nierenkrise. Ich versuche den Gedanken daran einfach zu verdrängen.

Ich habe Kontakt mit der *Nahidik* aufgenommen; sie befindet sich jetzt mitten in der Kugmalik Bay und ist auf dem Wege nach Tuk. Der Wind hat sich etwas beruhigt, und das Wetter ist schön. Bald werde ich Freunde treffen; das Glück scheint mir zu lächeln. Am

Treffpunkt angekommen, finde ich keine Spur von der *Nahidik*. Ob ich in der vereinbarten Position bin?

Sie hatte mir signalisiert, nicht weit von ihr liege ein alter Frachter vor Anker, den ich in der Tat über backbord bemerke. Vielleicht ist mein Versorgungsschiff dahinter versteckt? Ich steuere also auf den Frachter zu und identifiziere ihn als die *Canmar Explorer*. Aber wo steckt die *Nahidik*?

Als ich die *Canmar* über Funk rufe, erfahre ich, daß die *Nahidik* bereits nach Pullen Island unterwegs ist, wo sie auf mich wartet. Der Kapitän der *Canmar*, der mitgehört hatte, daß ich keine Karten bis Cape Barrow habe, will mir die Karte an Bord werfen. „Man weiß nie, wofür man sie braucht", meint er. Ich fahre also so nahe heran, daß mir oben vom Frachter herunter ein Plastiksack zugeworfen werden kann, der die amerikanische Karte „Herschel Island Cape Barrow", gute Wünsche für die Fahrt und einige Dosen Ölsardinen enthält.

Dann nehme ich Kurs auf Pullen Island, wo ich bei Einbruch der Nacht ankomme und wo die *Nahidik* schon darauf wartet, meine Vorräte aufzufüllen. Ich werde geradezu königlich empfangen. Der Kapitän heißt mich willkommen, und der Erste Offizier reicht mir höchst persönlich den Einfüllschlauch.

Es handelt sich um einen Gummischlauch, was mich in anbetracht der Tatsache, daß Gummi sich in Diesel auflöst, ein wenig irritiert, aber nachdem alles vorbereitet ist, lasse ich ihn gewähren und denke mir, daß es vielleicht nichts ausmacht, wenn das Nachfüllen schnell vor sich geht. Dann bin ich an Bord eingeladen, und der Kapitän stellt mir seine Kabine zur Verfügung, damit ich duschen kann, was ich wirklich dringend nötig habe. Dann folgt ein Abendessen und gemütliches Zusammensein mit allen. Es ist Mitternacht, als ich, mit einem dicken Lebensmittelpaket beladen, wieder an Bord gehe. Zufrieden lege ich mich mit gefülltem Bauch in die Koje, hülle die gewaschene Haut in saubere Laken und bin voller Dankbarkeit für meine Gastgeber.

Die Insel Herschel ist jetzt noch 100 Meilen entfernt. Sie zieht mich magisch an, und bei Tagesanbruch bin ich schon wieder unterwegs. Nach den letzten Wetterprognosen, die ich auf der *Nahidik* bekam, ist für die nächsten 24 Stunden ein Sturmtief aus Südwest gemeldet. Aber heute morgen ist alles ruhig, so daß ich hoffentlich noch viel Fahrt machen kann. Das Navigieren ist nicht einfach. Wir müssen das Mackenzie-Delta durchqueren, und das „Nautische Handbuch" zeigt an, daß die Strömung des Flusses bei 3 Knoten liegt und nördlich abfließt. Das Wasser ist zum Glück so tief, daß ich mir auch ohne gute Sicht eine Position ausrechnen kann; ich richte mich also ausschließlich nach der Wassertiefe. Der Kompaß ist immer noch unbrauchbar und die magnetische Abweichung schwer zu schätzen. Nachmittags bewölkt sich der Himmel langsam, aber sicher. Das angekündigte Sturmtief ist noch nicht da, aber die Brise verstärkt sich bereits. Sie hat momentan

Ich orientiere mich ausschließlich nach der Wassertiefe, da der Kompaß immer noch unbrauchbar ist

die Stärke 4, das Barometer ist unverändert.

Ich habe den Kurs geändert und halte jetzt auf Thetis Bay, in der die Insel Herschel liegt, zu. Ich bin bewußt im Norden geblieben, denn ich will bis zur Demarcation Bay an der Grenze zwischen Kanada und Alaska kommen und würde in diesem Fall von dem Wind profitieren, der vom Festland her weht. Sollte der Wind jedoch nach Nordwesten drehen, was im Hinblick auf das Eis weniger günstig wäre, so würde ich meinem alten Kurs folgen und könnte, wie vorgesehen, in der

Thetis Bay ankern. Ich halte mir also beide Möglichkeiten offen. So kann ich unter Segeln bleiben, aus welcher Richtung der Wind auch weht.

Abends dreht der Wind auf West und nimmt rasch zu; als es Nacht wird, hat er sich zum Sturm ausgewachsen. Der Ankerplatz liegt 7 Meilen hinter dem dunklen Vorhang, der die Küste einhüllt. Radar und Echolot sind meine einzigen Navigationsmittel; aber obgleich ich nicht die Hand vor Augen sehe, gelingt mir eine perfekte Anlandung vor der Insel Herschel. Es ist der 7. September, 21 Uhr 39.

Ich kontrolliere den Halt des Ankers und bereite mir ein Abendessen. Nachdem ich gegessen und aufgeräumt habe, lege ich mich nieder und weiß, daß ich zuversichtlich einschlafen kann. Zuversichtlich zumindest, was den Ankerplatz betrifft, denn die Burschen von der *Pandora II*, denen ich soeben meine Position übermittelt habe, haben mir einige Zweifel ins Herz gesenkt. Das Gespräch beginnt etwas unerwartet.

„Willy, bist du gut in Herschel angekommen?"

„Ja, vor einer Stunde."

„Wirf einen Blick zur Insel hinüber, nur wenig über der Wasserfläche mußt du ein Licht sehen. Steck deinen Kopf raus und warte, bis du das Licht siehst!"

„Ja, jetzt seh ich's."

„Das ist das Haus von Bob Mackenzie, der dort mit seiner bildhübschen Frau wohnt. Aber Bob ist seit drei Monaten unterwegs. Setz doch das Beiboot aus. Da du ja auch schon lange allein bist, kannst du dir einen netten Abend mit der kleinen Mackenzie machen, das bringt dich auf andere Gedanken!"

„Hör auf mit dem Blödsinn, ich bin nicht zum Scherzen aufgelegt! Gib meine Position nach Frobisher durch und damit basta!"

„Na dann, gute Nacht!"

Die Freunde von der *Pandora* wollen mich offenbar auf den Arm nehmen. Immerhin ist das Licht da, und der Kapitän der *Nahidik* hat auch davon gesprochen, daß jemand auf der Insel Herschel wohnt. Im Grunde muß man ja bei einem Besuch nicht unbedingt auf eine schlechte Absicht schließen. Ich könnte doch hingehen, um mich ein bißchen mit ihr zu unterhalten. Wäre doch nichts dabei...

Als ich auf die Brücke heraustrete, sehe ich, daß der starke Wind es gar nicht zulassen würde, das Beiboot zu Wasser zu lassen. Mit einem Gefühl des Bedauerns gleite ich wieder in den kalten Schlafsack zurück. Von der Dünung gewiegt, höre ich nichts als den Atem des Sturms.

Der Wind, der noch immer mit Stärke 6 weht, läßt langsam nach, und das anfangs rauhe Meer beruhigt sich. Etwas später geht die Sonne auf, und das Wetter wird richtig schön.

Die *Pandora* teilt mir mit, daß der Wind auf Südwest drehen wird. Das wäre ein Glücksfall. Der Tag bleibt schön, und die Sonne wird wärmer. Temperatur 3°.

Gegen 16 Uhr passieren wir die kanadisch-amerikanische Grenze. Vergeblich versuche ich die amerikanische Küstenwache davon zu verständigen, daß ich in ihre Gewässer eingefahren bin. Ich profitiere von dem schönen Wetter, und da ich weiß, daß ich den Weg nach Barrow in kürzester Zeit zurücklegen muß, bleibe ich so lange wie möglich unter Segel. Aber als ich mich um 22 Uhr 45 Barter Island nähere, wage ich nicht mehr weiterzumachen und werfe den Anker auf der Höhe von Tapkaurak Spit. Heute habe ich 90 Meilen geschafft, ungefähr ein Viertel der Strecke bis Barrow.

Es ist mir völlig klar, daß ich erst dann von Erfolg reden kann, wenn die letzten Meter meiner Fahrt hinter mir liegen...

Während ich manövriere, um vor Anker zu gehen, setzt der Motor plötzlich aus, so wie schon zu Beginn des Abends der Ofen ausgegangen war. Als ich nachsehe, stelle ich mit Entsetzen fest, daß die *Nahidik* meinen Treibstofftank mit Wasser gefüllt hat. Das trifft mich wie ein Schlag, und ich ärgere mich, daß ich das Auffüllen nicht überwacht habe. Dann überlege ich in aller Ruhe: Der Tank war beim Nachfüllen nicht leer. Selbst wenn mir die *Nahidik* nur Wasser eingefüllt hätte, was unwahrscheinlich ist, denn ich erinnere mich, daß ich das Einfüllen kontrolliert habe, ist doch noch Dieselöl im Tank. Es würde also genügen, das Wasser, das wegen seines spezifischen Gewichtes nach unten gesunken ist, aus dem Tank herauszupumpen.

Nachdem ich zwei Kübel Wasser abgepumpt habe, fängt die Pumpe von neuem an, Diesel zu fördern. Wahrscheinlich hat die *Nahidik* den Diesel vom Grund ihres Tanks genommen, und dabei ist Kondenswasser in meinen Tank geraten.

Beruhigt reinige ich die Filter, spüle die Leitungen durch und schlafe, nachdem auch der Ofen wieder geht, erschöpft ein. Da ich durch diesen Zwischenfall richtig überdreht bin, wache ich bald wieder auf und beschließe, meinen Weg um 3 Uhr 54, kurz vor der Morgenröte, fortzusetzen. Gegen Mittag kommt Nebel auf, und wenig später schiebt sich die *Williwaw* ins Packeis.

Zwischen der Dicke des Packeises und der Masse der Eisschollen besteht offenbar ein Zusammenhang. Das polare Packeis ist furchterregend: blaue Inseln, weiß überzuckert, mit Formen, die in den Nebelschwaden zerfließen, mit unklaren Konturen, die trotz ihrer friedlichen Erscheinung etwas Drohendes haben. Versteckte Festungen, kristallene Waffen, ewiges Eis, von dem der Sommer nur einige wenige Grate wegschmelzen kann. Hier, das fühle ich, kommt die gefährlichste Herausforderung. Die letzte Seite eines Kapitels.

Noch einmal spannt der Körper alle Kräfte an, konzentriert sich der Geist auf ein einziges Ziel – es zu schaffen! Ich habe einen Teil der Segel geborgen, habe den Motor angelassen, und schon sucht meine treue Yacht flüchtend, tauchend, hakenschlagend in den Rinnen des Treibeises den Anbruch eines neuen Morgens. Ich fühle mich weder angegriffen noch als Angreifer. Es ist eine unsichtbare Schlacht, die zugleich ein Spiel der Geschicklichkeit, eine Prüfung der Fähigkeiten, eine Probe für die eigene Ausdauer ist. Das Treibeis ist nur der Spielplatz, auf dem der Hindernislauf stattfindet. Wenn ich meine Aufgabe so betrachte, habe ich keinerlei feindliche Gefühle. Ebenso wie der Alpinist, der klettert und schwitzt und sich abmüht und leidet, so bin auch ich mir der Schönheit der Landschaft bewußt.

Der Kampf mit dem Eis wird immer mörderischer

Die Stunden gehen vorbei. Vom Eis zurückgeworfen, von ihm beherrscht, mußten wir uns der Küste nähern, wo es weniger Hindernisse gab. Die geistige Anspannung ist unerträglich groß und körperlich, das stelle ich voller Klarheit und Resignation fest, bin ich am Ende meiner Kräfte. Ich muß anhalten, muß mich erholen. Ich habe keine Wahl. Ich kann nicht mehr...

Der Sieg ist total

Der Wind ist an diesem Nachmittag stärker geworden, aber unglücklicherweise weht er aus Nordost. Das ist nicht gut, denn er drückt das Eis gegen die Küste und zwingt mich, in seichten Gewässern zu segeln, um mich vor der Dünung zu schützen.

Als der Abend kommt, lasse ich erschöpft den Anker fallen. Ich freue mich, bald schlafen zu können. Ich verzichte auf ein allzu kompliziertes Mahl und mache mir nur eine warme Suppe. Während ich das Wasser zum Kochen bringe, werfe ich einen Blick an Deck. Zu meinem Entsetzen sehe ich, daß die Eisscholle, hinter der ich mich geschützt glaubte, keineswegs auf Grund sitzt, sondern sich mir auf gefährliche Weise nähert! Sie ist nur noch einige Meter von der Ankerkette entfernt, und wenn sie erst einmal mit ganzem Gewicht darauf drückt, wird sie meine Yacht mit tödlicher Sicherheit herunterziehen. Ich muß sofort handeln, aber ich brauche alle meine Willenskraft, um die notwendige Energie in mir zu mobilisieren. Ich muß sofort eine Stelle suchen, die so weit eisfrei ist, daß ich beiliegen und einige Stunden schlafen kann.

Mein innerer Dialog läuft einigermaßen gemäßigt ab. Mein „Ich", das befiehlt, zeigt großes Verständnis gegenüber der Verzweiflung des ausführenden Teils. Beide wissen, daß ich mehr als meine Pflicht erfüllt habe. Nicht am Ende meines Willens bin ich, sondern am Ende meiner Kräfte, ausgelaugt, erschöpft.

Die Dämmerung ist hereingebrochen. Ich habe keine Minute mehr zu verlieren. Ich muß noch einmal durch die Barriere des Treibeises, damit uns die Nacht nicht manövrierunfähig macht.

„Los, Alter, los. Zieh den Anker hoch. Du weißt schließlich, daß das nicht einfach ist. Also, langsam und tief durchatmen, kraftsparende Bewegungen machen. Arbeite in aller Ruhe, aber doch mit so viel Entschiedenheit, daß du nicht ins Stocken kommst. Erst mal den Motor, dann die Ankerwinde. Komm schon, ich werde dir helfen."

Der Anker ist gelichtet. Mit weit aufgerissenen Augen suche ich eine Rinne zwischen den Eisbrocken und gewinne das freie Meer. Dann hüllt uns die Nacht ein, und die *Williwaw* legt sich unter dem Besansegel in den Wind. Ich möchte vermeiden, daß sie sich in Bewegung setzt, falls die hydraulische Steuerung ausfällt. Ich habe, so gut es geht, auf dem Radargerät einen genügend großen Abstand festgestellt, um abdriften und ein wenig schlafen zu können, denn das Meer geht hoch. Der Wecker wird mich stündlich wecken. Nachdem ich die Wassertiefe festgestellt habe, mache ich mir eine Suppe und falle nach einem erneuten Kontrollgang todmüde ins Bett.

Ich muß tief geschlafen haben, denn ich erwache ganz plötzlich, beunruhigt darüber, daß ich den Wecker nicht gehört habe. Ich schaue auf die Uhr und stelle fest, daß ich gerade eine Viertelstunde geschlafen habe. Verdammt!

Das Boot hat sich leicht geneigt. Gegen den Rand meiner Koje gedrängt, mache ich jede Bewegung der Dünung mit. Ich versuche wieder einzuschlafen, bin aber so aufgeregt, daß der Schlaf nicht kommen will.

„Steh auf, bitte, geh nach draußen!"

„Bitte nicht! Ich bin so müde, ich muß schlafen..."

„Denk dran, daß es die *Karluk* hier erwischt hat!"

„Das Treibeis ist nicht dicht genug, um uns festzuhalten. Die Dünung ist Beweis dafür. Wir wollen doch nicht überall nach Komplikationen suchen. Ich muß schlafen, ich kann nicht mehr."

...

Der Wecker reißt mich brutal aus dem Schlaf.

„Du mußt aufstehen."

„Ja, sicher, noch eine Sekunde... Ich komm ja schon. Wo sind meine Stiefel und das Ölzeug?"

„Schließ den Kragen! Mach das Licht nicht an, sonst siehst du draußen nichts. Wärm das Radar an, und kontrolliere inzwischen die Wassertiefe und die Windrichtung!"

„Den Wind? Ist das wirklich nötig? Das ist schwierig mit dem ungenauen Kompaß."

„Trotzdem, es ist besser, die Windrichtung zu kontrollieren, damit du weißt, wohin er uns treibt."

„Nun hör doch mal, ich bin müde, ich sehe nicht einmal mehr die Zahlen in den Büchern."

„Dann setz deine Brille auf; laß dir Zeit. Los, wo ist das Logbuch? Da... Also, wieviel Uhr ist es... 22 Uhr 40. Jetzt stelle den Stundenwinkel auf den 11. September... Achtung, die andere Spalte, nicht die Sonne, den MOND! Jetzt füge die Länge hinzu... Nimm dir Zeit... Und die Abweichung und die geschätzte Breite... Und jetzt? Welcher Azimut? – 152°. Sehr gut. Jetzt der Wind... Welche Richtung im Verhältnis zur Mondstellung? – Mindestens 108°. Das macht wieviel? Nun sag doch, wieviel? – Sag mal, kannst du nicht einmal mehr subtrahieren...

Kalter Schweiß perlt mir von der Stirn. Ich sehe die beiden Zahlen ganz klar, aber sie bleiben getrennt. Es gelingt dem Geist nicht mehr, eine Beziehung zwischen ihnen herzustellen, und ich erkenne mit Schrecken, daß ich nicht mehr in der Lage bin, zu rechnen!

„Na, komm, alter Knabe, immer mit der Ruhe, alles ist halb so schlimm."

„Ich weiß, ich bin fertig, ich kann nicht mehr."

Etwas Ähnliches hatte ich schon vor einigen Jahren erlebt. Das war vor Kap Hoorn, nach langen Nächten, in denen ich nicht schlafen konnte, weil das Wetter so schlecht war und die Passage außerordentlich mühsam.

Ich bin mir also klar darüber, daß die Unfähigkeit, eine einfache Rechnung auszuführen, auf nichts anderes hindeutet als auf eine fortgeschrittene Ermüdung des Gehirns. Und ich bin mir auch klar darüber, daß ich sofort Ruhe brauche und daß ich jedes unvorhersehbare Ereignis vermeiden muß, damit ich nicht in eine gefährliche Krise gerate. Sobald man sich seiner Schwierigkeiten bewußt geworden ist, ist es am besten, die geistige Arbeit einzuschränken und die momentane Unfähigkeit zu akzeptieren, die mit der totalen Müdigkeit zusammenhängt – und mit ihr verschwinden wird.

Nachdem ich mein Zahlenproblem mit dem Taschenrechner gelöst habe, stelle ich fest, daß der Wind noch immer aus Nordwesten weht. Ich kann mich also getrost wieder hinlegen. Während der Nacht schickt mich der Wecker regelmäßig an Deck, und so sehe ich kurz vor Tagesanbruch ganz in meiner Nähe Licht. Nicht zu fassen, ein Schiff!

Über Funk erfahre ich, daß es sich um die *G. S. I. Mariner* handelt, die gerade ihren Aufenthalt in der Arktis beendet und ein Beiboot zum Mackenzie hinter sich herschleppt. Wir wechseln einige Sätze, und der Wachoffizier berichtet, daß nach der letzten Wettermeldung in Barrow der Wind mit einer Stärke von 60 Knoten weht! Er gibt mir den Rat, wieder in seichterem Wasser mit weniger als 10 m Tiefe zu kreuzen. Nach seiner Ansicht habe ich nicht die geringste Chance, Barrow auf hoher See zu passieren.

„You will run in heavy ice!" („Sie werden in dichtes Packeis geraten!") Das glaube ich auch. Ich wollte ja schon gestern abend, als ich mich der Küste näherte, die innere Route wählen. Ich erwarte den Tagesanbruch, um mich dem Festland zu nähern und die Barriere der aufgelaufenen Eisstücke zu durchfahren, die das aufsteigende Land säumen. Die *Williwaw* liegt nun 6 Meilen seewärts von Cross Island und 180 Meilen östlich von Barrow. Cross Island habe ich als Landeplatz ausgesucht. Bei Nordostwind Stärke 7 setzen wir uns in Bewegung. Es wird kalt, die Navigation schwierig. Der Wind ist sehr stark und das Land derartig niedrig, daß es erst im letzten Augenblick sichtbar wird.

Ich kämpfe, so gut ich kann, gegen meine Müdigkeit an und hoffe, hinter der Insel Thetis ankern zu können. Aber je weiter ich komme, desto geringer wird die Wassertiefe, so daß ich befürchte, auf Grund zu laufen. Ich beschließe, diesen Anlegeplatz nicht anzusteuern, sondern die Durchquerung der Harrisson Bay in Angriff zu nehmen, wo das Wasser tiefer ist.

Gegen 18 Uhr endlich sichte ich in einer Entfernung von 13 Meilen endlich Cape Halkett. Die Windstärke hat immer noch nicht nachgelassen. Da ich keine Wahl habe, entschließe ich mich dazu, auf offenem Meer in der Nähe des Kaps zu ankern, und lasse aus Sicherheitsgründen die gesamte Ankerkette auslaufen. Diesmal muß ich unbedingt schlafen und essen, denn außer der Suppe habe ich weder gestern noch heute etwas gegessen.

Es hat zu schneien begonnen, und im Wind ist es teuflisch kalt. Ankern ist verdammt schwierig. Die Dünung ist stark und der Zug auf die Kette enorm. Während der Nacht stehe ich mehrfach auf, um zu sehen, ob vorne alles in Ordnung ist. Als der Morgen kommt, bemerke ich, daß das Focksegel leider unter die Ankerkette geraten ist und ziemlich beschädigt wurde.

Auszug aus dem Logbuch vom 12. September:

„Diese Nacht habe ich wenig schlafen können. Gleich zum Tagesbeginn habe ich die Ankerkette wieder einholen müssen. Ich bin sehr müde!

Ich habe Angst, ohnmächtig zu werden. Meine Beine zittern, und ich weiß, daß es nur meiner Willenskraft zu verdanken ist, wenn es mir gelingt, die Segel zu setzen und die Yacht in Bewegung zu bringen.

Um 8 Uhr ist Barrow nur noch 61 Meilen von mir entfernt. Kein Eis im Augenblick. Der Nordwestwind ist auf West bis Südwest umgesprungen: das hatte ich gar nicht mehr gehofft!

Abwechselnd schneit und nieselt es, aber die Sicht bleibt gut. Auch damit habe ich Glück!

Nicht alles ist in den letzten Tagen schiefgelaufen,

und das schlechte Wetter hatte auch seine guten Seiten. Zumindest hat es mich vorwärts gebracht!"

Ich fahre weiter. Immer noch kein Eis. Barrow ist jetzt nur noch etwa 20 Meilen entfernt. Es ist 3 Uhr nachmittags. Jetzt glaube ich wirklich, daß ich Barrow bald umsegeln werde. Aber ich bin zu erschöpft, um mich von Herzen darüber freuen zu können. Ich navigiere so sorgfältig wie möglich. Bloß nicht jetzt noch einen Fehler machen!

Kurz vor 5 Uhr entdecke ich den kleinen Leuchtturm und die niedrige Landzunge, die davor liegt. Da ist Barrow! Der nördlichste Punkt der Vereinigten Staaten. An diesem 12. September 1977 umsegle ich um 17 Uhr 45 das Kap und fahre in die Tschuktschen Sea ein. Als die Wassertiefe zunimmt, kreuze ich und steuere Cape Smyth an, wo ich im Schutze des Festlands vor Anker gehe.

Ich schlafe wie ein Stein. Ich nehme mir nicht einmal die Zeit, über den Grad meiner Zufriedenheit nachzudenken. Da die Nordwest-Passage am Pazifischen Ozean endet, besteht kein Zweifel daran, daß mit dem Point Barrow die Zeit der größten Schwierigkeiten hinter mir liegt, zumindest was das Eis betrifft. Das Icy Cape, das 110 Meilen weiter südöstlich liegt, kann noch problematisch werden. Aber es ist im allgemeinen weniger gefährlich. Allerdings sind dort schon einige Schiffe in Schwierigkeiten geraten. Im Jahre 1779 mußte die *Endeavour* des großen James Cook an dieser Stelle endgültig ihren Versuch aufgeben, die Arktis von der Westküste Amerikas aus zu erreichen. So werde ich keine lange Pause einlegen. In dieser späten Jahreszeit wird sich das Eis immer mehr zur Küste hin bewegen, und es wäre gefährlich, sich überraschen zu lassen. Aber auf ein paar Stunden kommt es nicht an. Der Wind weht immer noch heftig, und es ist besser, von den schlechten Bedingungen zu profitieren und die Akkus aufzuladen.

Endlich habe ich eine ganze Nacht lang wieder im Bett bleiben können, und ich habe mich erst vor kurzem erhoben ... Zum ersten Mal seit Monaten habe ich nicht das Bedürfnis, um jeden Preis vorwärtszukommen, und entspannt genieße ich heute die Wärme meines Bettes.

Es hat etwas geschneit. Die vereisten Bullaugen lassen nur wenig Licht ein, und ich ertappe mich dabei, wie ich im Halbdämmern vor mich hin träume. Die Holztäfelungen sind schön: feingemasertes Mahagoni, gelbliches Teakholz voller Kraft ... Ich liebe Holz. Das ist ein nobles, lebendiges Material, das man gerne anfaßt. Es gibt meiner kleinen Kajüte eine warme und sanfte Atmosphäre. Die lebhafte Maserung des Mahagoniholzes zieht den Blick auf sich, der fasziniert den Adern folgt, die im Holz strömen wie das Wasser in einem Flußbett. Man kann all den Mäandern gar nicht auf einmal folgen, und jedesmal, wenn der Blick auf die Wand fällt, hält sich das Auge an einem neuen Detail fest, und die imaginäre Reise beginnt von neuem.

Die Ankunft am Point Barrow bildet im wahrsten

Sinne des Wortes einen Schlußpunkt unter dem, was für mich mehr als nur eine Etappe in meiner Existenz war – fast eine Lebensaufgabe. Seit Jahren habe ich alles daran gesetzt, hierher zu kommen, und jetzt, da der Traum Wirklichkeit geworden ist, weiß ich, daß der Weg zum Ziel oft wichtiger ist als das Ziel selbst. Und ich empfinde – trotz der Angst, trotz der Müdigkeit – ein Gefühl des Bedauerns, daß ich morgen nicht mehr dieselben Probleme zu lösen habe wie gestern. Glücklich sein, das heißt für mich nicht, ohne Sorgen zu leben, sondern den Sorgen trotzen zu können. Ich bin mir bewußt, eine Seite im Buch der Geschichte geschrieben zu haben. Ich bin mir bewußt, daß sie gewürdigt werden wird und daß mein Name damit verbunden bleibt. Doch gleichzeitig empfinde ich so etwas wie ein Gefühl der Leere. Ich weiß, daß dieses Gefühl erst verschwinden wird, wenn ich mir wieder ein neues Ziel setze.

Die Beringsee, die Aleuten, der Nordpazifik haben allesamt im Herbst einen schlimmen Ruf, und wenn ich nun auch praktisch den Gefahren des Eises entronnen bin, so muß ich doch noch die Gefahren meistern, die mir durch das schlechte Wetter drohen. Als ich am späten Nachmittag ins Cockpit zurückkehre, sehe ich zu meiner Überraschung am Horizont einen Mast auftauchen. Das kommt mir merkwürdig vor. Ich beobachte ihn eine Zeitlang und bin mir bald sicher, daß sich ein Schiff Cape Barrow nähert. Was hat das hier verloren? Es gibt hier keinen Hafen, und die erste schützende Küste bietet die Insel Herschel. Wo will es am Ende der Saison nur hin? Das Ganze kommt mir erst recht merkwürdig vor, als ich schließlich erkenne, daß es sich um eine Ketsch von fünfzehn Meter Länge handelt. Sie kommt langsam näher, wendet hinter der *Williwaw* und ankert in der Nähe. Was soll denn das heißen? Das Beiboot wird zu Wasser gelassen, und zwei Männer rudern auf mich zu ... Sie legen längsseits an, und der eine, nett aussehend und mit einem guten Schuß Eskimoblut in den Adern, stellt sich vor: „Bob Makkenzie."

„Ach, von der Insel Herschel?"

„Ja!"

„Herzlich willkommen!"

„Danke. Wir haben schon mit Ihnen gerechnet. Wir haben in None, in Alaska, erfahren, daß Sie dabei sind, Point Barrow zu umrunden. Glückwunsch!"

„Und Sie? Woher kommen Sie?"

„Ich, ich fahre heim. Wir hatten ziemlich viel Pech auf der Fahrt und sind später dran als vorgesehen. Wir dürfen jetzt keine Zeit mehr verlieren, wir müssen heim."

Bob Mackenzie und sein Begleiter, ein junger Amerikaner aus Seattle, kommen für einen Augenblick an Bord. Ich erfahre von ihnen, daß Bob die Yacht vor kurzem gekauft hat und daß sie vor drei Monaten in Seattle gestartet sind. Sie wollen an Point Barrow

Treibstoff aufnehmen, deshalb haben sie es eilig. Doch sie werden am Abend zurückkommen.

Tatsächlich, sie kommen, begleitet von dem dritten Mitglied der Mannschaft, einem reinblütigen Eskimo, bald zurück. Ich biete ihnen ein Glas und ein zweites an. Die Zungen lockern sich, und die Unterhaltung wird lebhaft. Bob hat mir schon ein paarmal auf die Schulter geklopft. Wir trennen uns als Freunde.

Am 24. September mittags lichte ich den Anker, die *Williwaw* gewinnt wieder an Fahrt. Der Wind weht mit Windstärke 5 bis 6 von Nordosten. Das Meer ist ruhig, und während eines großen Teils des Tages segelt es sich leicht.

Um Mitternacht entdecke ich mein erstes Nordlicht: ein bläulicher Faltenwurf, lebhafte Farben, aufgehängt an einem samtigen Himmel. Es überspannt den ganzen Himmel. Es herrschen ideale Beobachtungsbedingungen, da der Mond sich nicht zeigt. Aber ich fühle mich unwohl dabei. Es ist ein seltsames Phänomen, das bisher nicht recht erklärt ist. Es erscheint nahe, und doch wirkt es bedrohlich. Normalerweise geht es mit einer Störung der Funkwellen einher, die zu absoluter Funkstille führt. Die Zeit vergeht, der Wind nimmt zu. Eine starke Nordost-Strömung hemmt meine Fahrt, und fast ein Drittel der durchmessenen Meilen werden von dieser Strömung aufgefressen.

In dieser Nacht schlafe ich nicht. Aufgrund der magnetischen Abweichung, die sich wieder bemerkbar macht, werden wir vom Kurs abgetrieben. Ich muß mehrmals wenden, um eine Wassertiefe zu finden, die mit den Angaben auf der Karte übereinstimmt. Kurz nach Sonnenaufgang wird der Wind schwächer, aber die Dünung bleibt, und das Boot schlingert schwer. Ich nehme das Besteck. Gegen 15 Uhr 30 sind wir 25 Meilen von Icy Cape entfernt.

Nachts tobt ein schwerer Sturm mit Schnee und Hagel. Der Tag vergeht ohne besondere Vorkommnisse, und am Abend umrunden wir Cape Usburne.

Das Barometer sinkt rasch, bevor es sich am 17. September um 11 Uhr auf 997 Millibar stabilisiert. Ich erfahre über Funk, daß die *Pandora II*, die die Arktis etwas vor uns verlassen hatte, in der Beringstraße einen schweren Sturm durchzustehen hat. Am 18. September, um 9 Uhr 30, schreibe ich in das Logbuch:

„Seit einer Stunde zeichnet sich das sibirische Festland auf dem Radarschirm ab. Nach meinem Dafürhalten bin ich Rußland etwas zu nahe, und ich ändere die Richtung, um nicht näher als 20 Meilen heranzukommen. Die Grenze zwischen den USA und Rußland befindet sich 18 Meilen vom sibirischen Festland entfernt."

Da man verstehen kann, daß ich keine Lust habe, einen Zwangsaufenthalt bei den Russen zu riskieren, respektiere ich die Hoheitsgrenzen und halte mich aus Sicherheitsgründen ein wenig näher an Alaska.

Schließlich umrundet die *Williwaw* am 18. September

1977 gegen 15 Uhr 15 Fairway Rock am Ausgang der Beringstraße. Die Nordwest-Passage ist gelungen!

Am Morgen des 16. Oktober erreichte ich die Höhe von Tofino auf der Vancouver-Insel, wo ich mich mit der *Racer,* einem Boot der kanadischen Küstenwache, verabredet hatte. An Bord waren zwei verdiente Yachtkapitäne, Ches Richard und Lol Killam. Sie waren vom „Royal Vancouver Yacht-Club" mit dem Auftrag vorausgeschickt worden, die *Williwaw* rechtzeitig in Vancouver einlaufen zu lassen, damit die vorgesehenen Feierlichkeiten vonstatten gehen könnten.

Es war ein grandioser, unvergeßlicher Empfang. Ganz Kanada, besonders aber Vancouver, war seit Wochen durch die Medien über meine Reise informiert worden. Tausende von Menschen und Dutzende von Booten erwarteten die *Williwaw,* unter ihnen die *Pandora II* und mein guter Freund Harry Beardsell.

Am nächsten Morgen servierte man mir im Hotel „Bayshore Inn" das Frühstück am Bett. Und mit einem Mal war die Arktis ganz, ganz weit entfernt...

In der Reihe
ABENTEUER-REPORT
sind erschienen:

RICK BERG   Viel Welt für wenig Geld
223 Seiten, 40 Zeichnungen, 3 Karten, DM 8,80

EVELYNE COQUET   Kolibris und Krokodile
310 Seiten, 52 s/w Fotos, 2 Karten, DM 9,80

HORST ENGELS   Haie !
182 Seiten, 47 s/w Fotos, 1 Karte, DM 7,80

GUSTAV HARDER/WERNER MÜLLER-ESTERL
Annapurna I
251 Seiten, 77 s/w Fotos, 20 Karten, DM 8,80

HELMUT HERMANN   Heiße Tour Afrika
254 Seiten, 85 s/w Fotos, 3 Karten, DM 7,95

HELMUT HERMANN   Von Thailand nach Tahiti
235 Seiten, 85 s/w Fotos, 4 Karten, DM 8,80

PETER JENKINS   Das andere Amerika
279 Seiten, 58 s/w Fotos, 3 Karten, DM 9,80

MIKE JONES   Sturzfahrt vom Everest
223 Seiten, 48 s/w Fotos, 1 Karte, DM 7,95

GEORG KIRNER   Ladakh
217 Seiten, 71 s/w Fotos, 4 Karten, DM 8,80

GEORG KIRNER   Meine Freunde — die Kopfjäger
221 Seiten, 72 s/w Fotos, 4 Karten, DM 7,95

WILLY DE ROOS   Segeln in der Arktis
220 Seiten, 26 s/w Fotos, 3 Karten, DM 8,80

HEINZ ROX-SCHULZ   Der Ruf des Condor
255 Seiten, 58 s/w Fotos, 2 Karten, DM 7,95

OLUF ZIERL   Highway-Melodie
223 Seiten, 76 s/w Fotos, 3 Karten, DM 7,95